DESCOMPLICANDO A PSICOFARMACOLOGIA

CONSELHO EDITORIAL

André Costa e Silva

Cecilia Consolo

Dijon de Moraes

Jarbas Vargas Nascimento

Luis Barbosa Cortez

Marco Aurélio Cremasco

Rogerio Lerner

Blucher

DESCOMPLICANDO A PSICOFARMACOLOGIA

Psicofármacos de uso clínico e recreacional

Organizadora
Elaine Elisabetsky

Autores
Ana Paula Herrmann
Angelo Piato
Viviane de Moura Linck

Descomplicando a psicofarmacologia: psicofármacos de uso clínico e recreacional
© 2021 Elaine Elisabetsky (organizadora), Ana Paula Herrmann, Angelo Piato, Viviane de Moura Linck

Editora Edgard Blücher Ltda.

Publisher Edgard Blücher
Editor Eduardo Blücher
Coordenação editorial Jonatas Eliakim
Produção editorial Bonie Santos
Preparação de texto Cátia de Almeida
Diagramação Negrito Produção Editorial
Revisão de texto MPMB
Ilustrações Paula Izzo
Capa Leandro Cunha
Conceito da capa Ana Paula Herrmann

Blucher

Rua Pedroso Alvarenga, 1245, 4º andar
04531-934 – São Paulo – SP – Brasil
Tel.: 55 11 3078-5366
contato@blucher.com.br
www.blucher.com.br

Segundo o Novo Acordo Ortográfico, conforme 5. ed. do *Vocabulário Ortográfico da Língua Portuguesa*, Academia Brasileira de Letras, março de 2009.

É proibida a reprodução total ou parcial por quaisquer meios sem autorização escrita da editora.

Todos os direitos reservados pela Editora Edgard Blücher Ltda.

Dados Internacionais de Catalogação na Publicação (CIP)
Angélica Ilacqua CRB-8/7057

Descomplicando a psicofarmacologia : psicofármacos de uso clínico e recreacional / organizadora: Elaine Elisabetsky; autores: Ana Paula Herrmann, Angelo Piato, Viviane de Moura Linck. São Paulo: Blucher, 2021.

90 p.; il. col.

Bibliografia
ISBN 978-65-5506-270-0 (impresso)
ISBN 978-65-5506-271-7 (eletrônico)

1. Psicofarmacologia. 2. Uso de medicamentos. 3. Saúde mental. 4. Dependência química. I. Elisabetsky, Elaine. II. Herrmann, Ana Paula. III. Piato, Angelo. IV. Linck, Viviane de Moura.

21-0931 CDD 615.78

Índice para catálogo sistemático:
1. Psicofarmacologia

Conteúdo

Prefácio	7
Introdução	11
1. Cada um sabe a dor e a delícia de ser o que é *Elaine Elisabetsky*	13
2. Ansiolíticos *Elaine Elisabetsky*	25
3. Hipnóticos *Elaine Elisabetsky*	33
4. Antidepressivos e estabilizadores de humor *Angelo Piato*	41
5. Antipsicóticos *Ana Paula Herrmann*	57
6. Drogas de abuso *Viviane de Moura Linck*	65
Sobre os autores	89

Prefácio

O consumo que a humanidade faz de drogas psicoativas remonta a tempos imemoriais. O homem, desde sempre, buscou alívio para as dores de seu viver, encontrando na natureza drogas cujos efeitos, na maioria das vezes descobertos ao acaso, foram muito bem-vindos e ativamente buscados. *Serendipidade* é o termo utilizado para essas descobertas ocasionais, conforme nos explica Ana Paula Herrmann no Capítulo 5, sobre antipsicóticos. Esse termo é uma tradução da palavra inglesa *serendipity*, que tem sua origem no conto persa escrito em 1754 por Horace Walpole sobre as peripécias dos três príncipes de Serendip (antigo Ceilão, hoje Sri Lanka), que, frequentemente, esbarravam em descobertas que nem estavam buscando ou esperando fazer, mas que os levavam, com observação aguda e olhar perspicaz, a encontrar soluções para vários problemas e enigmas.

Os efeitos dessas drogas estimularam os homens a estudá-las. Foi dessa forma que muitas delas serviram de base para futuros desenvolvimentos científicos, que trouxeram resultados cada vez mais úteis e significativos para a medicina. Hoje não é possível imaginar a psiquiatria sem a inestimável ação terapêutica dos psicotrópicos.

Na Paris de meados do século XIX, existia o Club des Hashischins (1844-1849), onde os famosos da elite intelectual francesa, como Victor Hugo, Alexandre Dumas, Charles Baudelaire, Honoré de Balzac, entre outros, se reuniam para experimentar os efeitos de drogas psicoativas, particularmente o haxixe. Ali já estava presente a ciência da farmacologia, representada pelo psiquiatra francês Jacques-Joseph Moreau. Pioneiro nas pesquisas dessas drogas, foi ele que fez e documentou o primeiro estudo sistematizado sobre as drogas com efeitos no sistema nervoso central. De lá para cá, atravessando os séculos, a ciência não parou mais de pesquisar, descobrir e colocar à disposição da humanidade as mais variadas medicações para aplacar as doenças e os sofrimentos por elas causados.

O século XXI, com sua cultura narcísica, o desmonte das relações familiares, a diminuição das distâncias e a instantaneidade das comunicações, tem produzido crianças e adultos cujas necessidades exigem gratificações imediatas. Esses indivíduos, que querem soluções rápidas, indolores, descartáveis e baratas, têm dificuldade com a frustração, com a necessidade de lidar com o esperar. Nem mesmo o espaço sagrado do útero materno é preservado. Esperar os nove meses para saber o sexo da criança é coisa *démodé*. Hoje, mesmo intraútero, um feto pode ter seu rosto estampado numa rede social. Nem precisamos esperar pelo nascimento para conhecer a criança. A vida real na pós-modernidade cobra do ser humano sucesso e felicidade infinitos, o que não é possível e acaba acarretando ansiedade, depressão e busca de alívio imediato pelo abuso de drogas que podem levar até a quadros psicóticos irreversíveis. A transformação do mundo numa "aldeia global" que precisa ser exposta nas vitrines das redes sociais, onde o sucesso e a felicidade são a tônica das postagens, contribui para o desespero humano. Tudo isso favorece o incremento da doença emocional.

A forma de apresentação do sofrimento humano nessas patologias contemporâneas, caracterizadas, por exemplo, por dificuldades cada vez maiores na contenção da impulsividade agressiva ou sexual e dificuldades de aceitação da imagem corporal, levando a distúrbios alimentares, no sono e nos relacionamentos, tem exigido bastante do médico que decide atender e minorar essas dores humanas. É nesse momento que as drogas aqui estudadas são utilizadas.

Aliadas aos tratamentos psicodinâmicos, os psicotrópicos descritos por Angelo Piato, que detalha informações sobre os antidepressivos, os antipsicóticos apresentados por Ana Paula Herrmann e os ansiolíticos expostos por Elaine Elisabetsky são ferramentas significativas do arsenal da psiquiatria moderna.

Como psicanalista, iniciei minha formação psicanalítica numa época em que esses recursos eram escassos, pouco difundidos ou malvistos. Hoje, os tempos são outros. Essas medicações favorecem a reintegração do doente na sociedade ao trazerem alívio dos sintomas e conforto emocional. Precisamos conhecer e descomplicar o uso dessas substâncias, inclusive para evitar seu abuso.

O trabalho que apresentamos aqui, escrito por esses quatro pesquisadores dedicados à farmacologia, é um estudo a respeito das drogas mais frequentemente usadas na psiquiatria: ansiolíticos, hipnóticos, antidepressivos e antipsicóticos, com o intuito de esclarecer seus aspectos ao profissional que vai utilizá-las, particularmente o profissional não médico, e ao leigo em geral. Daí o título do livro: *Descomplicando a psicofarmacologia*.

Além dessas classes de psicotrópicos, o livro traz também um importante capítulo sobre as drogas de abuso, afinal, como escreve a autora Viviane de Moura Linck, "o uso recreacional de substâncias psicoativas é tão antigo quanto a própria humanidade", e esse abuso é hoje um problema de saúde pública e, portanto, frequente objeto de estudo e trabalho clínico do psiquiatra contemporâneo.

Boa leitura!

Anette Blaya Luz
Psiquiatra e analista didata da Sociedade
Psicanalítica de Porto Alegre (SPPA)

Introdução

Este livro se destina a profissionais da área de saúde mental e trata das substâncias medicamentosas ou recreacionais que atuam no sistema nervoso central e podem influenciar o estado psíquico do paciente ou usuário. Uma vez que pacientes frequentemente fazem uso desses tipos de drogas, que têm o potencial de alterar comportamento, humor, cognição etc., é de interesse a compreensão das drogas, de seus efeitos e de sua atuação.

O livro não pretende discutir todo o intrincado mecanismo de ação dos fármacos ou das drogas no detalhamento de seus complexos mecanismos neuroquímicos; a intenção é esclarecer sua atuação de forma inteligível para profissionais que não tenham profundo conhecimento de psicofarmacologia, neuroquímica e/ou neurociências. O texto foi escrito de maneira que os conhecimentos sejam relacionados com a prática clínica, tanto no que se refere ao efeito terapêutico quanto aos efeitos adversos.

A organização da obra segue a classificação usual dessa categoria de fármacos.

O primeiro capítulo apresenta o diálogo entre psicanálise e neurociência, ou psicoterapia e psiquiatria biológica, abordando as bases neurais em que se admite estarem ancorados comportamentos (e distúrbios) psíquicos. Ainda nesse capítulo, são expostos, de forma geral, os mecanismos pelos quais as drogas interferem na função neuronal.

Posteriormente, cada capítulo aborda brevemente a fisiologia e a patofisiologia do transtorno em questão, os fármacos utilizados no contexto e seus mecanismos de ação.

O segundo capítulo trata de medicamentos ansiolíticos, discute ansiedade, suas bases neurais e o mecanismo de ação dos ansiolíticos. O papel do sono e a importância do ciclo circadiano são discutidos no terceiro capítulo, antes da abordagem dos fármacos hipnóticos e seu mecanismo de ação. O quarto capítulo trata da depressão, dos circuitos neuronais relacionados aos vários tipos de sintoma comumente observados em pacientes deprimidos e dos medicamentos e sua forma de atuação. Além disso, discute os estabilizadores de humor, fármacos utilizados para o tratamento de pacientes diagnosticados com transtorno bipolar.

Os medicamentos antipsicóticos, seus vários usos, além do tratamento das psicoses e da maneira como atuam, são tratados no quinto capítulo. Finalmente, o sexto capítulo trata de algumas das drogas de abuso mais populares e das bases neurais da dependência.

Esperamos que o livro lhe seja útil e desejamos boa leitura!

Os autores

1. Cada um sabe a dor e a delícia de ser o que é

Elaine Elisabetsky

O que se passa dentro do cérebro de alguém em sofrimento psíquico? O que acontece no cérebro de alguém com um transtorno psiquiátrico? As alterações são passageiras? São reversíveis? Sabemos, afinal, o que se passa dentro de qualquer cérebro? Por que uns agem assim e outros assado? Uma linha divisória parece ser o sofrimento. Mas por que uns sofrem por isso ou aquilo (gordo ou magro, alto ou baixo, percepção de feio ou belo) enquanto, para outros, esses parâmetros são irrelevantes?

No contexto de vida mental, podemos identificar a correspondência entre componentes de uma teoria psicológica de comportamento e as entidades[1] usadas em neurociência, uma espécie de mapeamento. A isso pode-se dar o nome de *reducionismo biológico*, não no sentido de reduzir, limitar, mas no sentido de diálogo ou correspondência entre psicologia/psicanálise e neurociência. Afinal, a ancoragem física desses processos está no cérebro. Se imaginamos que o comportamento normal é executado por meio de arranjos (neuronais) específicos, recruta vias neuronais específicas, podemos enxergar a doença mental (ou transtorno psíquico) como resultante da quebra de um componente neural de um circuito ou a quebra de comunicação entre componentes desse circuito. Esse esquema conceitual da biologia psiquiátrica admite a possibilidade de que componentes neuronais podem quebrar por

---

[1] Como áreas cerebrais, vias nervosas, vias neuroquímicas etc.

conta de fatores psicológicos e que, ao contrário, tanto fatores psicológicos (psicanálise, terapias, meditação etc.) como físicos (drogas, tipos de estimulação neuronal etc.) podem resultar ou facilitar a reparação neuronal.

O sistema nervoso central (SNC) é o órgão responsável por processar informações, visando à manutenção do equilíbrio do organismo (homeostase) e a gestão do comportamento. Podemos, por exemplo, imaginar um animal com fome que deve organizar o comportamento para caçar e, assim, comer. Ou um bebê que chora para mostrar desconforto, ou qualquer um de nós se levantando do sofá para ir até a geladeira. Pode-se também dizer que o SNC é responsável pela manutenção da constância do meio interno e pelo comportamento, que também visa à manutenção do bem-estar (físico, psíquico ou social). É, portanto, no cérebro que moram prazer e sofrimento.

No cérebro, redes de células nervosas (neurônios) filtram, analisam, armazenam, recuperam e elaboram as milhares de informações que recebemos a cada minuto do meio externo (ambiente, sociedade) e do meio interno (fome, sede, dor, calor etc.). As reações (comportamentos) programadas pelo cérebro são comunicadas por nervos periféricos (nervos eferentes, fora do encéfalo) aos órgãos executores (músculos esqueléticos, vísceras, glândulas). Comportamentos complexos, influenciados pela psique e pelo meio ambiente (natural, família, trabalho, sociedade etc.), também são produtos cerebrais, ali planejados e organizados. Padrões de comportamento, humor e função cognitiva são influenciados de maneira razoavelmente estável e consistente por personalidade e temperamento, duas dimensões psicobiológicas, ancoradas na psicologia (adquiridos, desenvolvidos) e na biologia (herdados).

Traços de personalidade e temperamento são considerados na compreensão das diferenças entre o indivíduo normal e o patológico, também são determinantes no modo de adaptação ao ambiente. Vale lembrar que padrões de comportamento, normal/aceitável *versus* anormal/inaceitável, variam em diferentes sociedades, culturas e momentos históricos. Por exemplo, mulheres "normais" não andavam sozinhas nem fumavam em público, artistas e formadores de opinião eram fumantes inveterados, drogas proibidas no Ocidente são banidas no mundo islâmico e vice-versa. Ainda que se levem todos esses fatores em consideração, as teorias sobre experiências subjetivas e normalidade humana estão na essência das construções teóricas de "desordem mental".

Organização do cérebro

Sabemos que o cérebro é formado por dois tipos principais de células: *neurônios* e *células gliais*. Estima-se que temos 86 bilhões de neurônios e que centenas de neurônios se comunicam com centenas de outros. Mas não aleatoriamente. A comunicação entre eles se faz por meio de sinais conduzidos majoritariamente por mediadores químicos, ou *neurotransmissores*. Nas sinapses (contatos neuronais), os neurotransmissores liberados por neurônios (pré-sinápticos) passam sinais para outros (pós-sinápticos). Essa comunicação é influenciada por substâncias chamadas neuromoduladores e neuromediadores e pelas células gliais. Pode-se fazer uma analogia com os ajustes grosso e fino de velhos aparelhos de som ou televisores: os neurotransmissores são responsáveis pela comunicação; os moduladores e mediadores fazem o ajuste mais fino. Entre os neurotransmissores mais conhecidos estão acetilcolina, dopamina, adrenalina, noradrenalina, serotonina, ácido gama-aminobutírico (GABA) e glutamato. Glicina e histamina também são neurotransmissores. Admite-se ainda a existência de várias outras substâncias consideradas neuromoduladores.

As células gliais participam em muitos processos importantes no cérebro. Aqui, porém, chama-se a atenção para a estreita relação de células gliais com neurônios. Atualmente, fala-se em sinapses tripartite, ou seja, que envolvem dois neurônios (um pré e um pós-sináptico) e uma célula glial.

Os neurotransmissores liberados pelos neurônios atuam em estruturas da sinapse chamadas receptores, que, em geral, são proteínas que ficam encaixadas na membrana do neurônio. A interação de neurotransmissores com receptores, assim como das drogas com os receptores, acontece de forma análoga ao sistema de chave e fechadura, em que o neurotransmissor (ou a droga) é a chave e o receptor, a fechadura. Assim como a chave regula o estado da fechadura para trancar ou destrancar a porta, a interação do neurotransmissor com o receptor determina o que acontece com o neurônio. Em realidade, deve-se lembrar que um neurônio faz contato com dezenas (às vezes, centenas!) de outros neurônios. Por isso, é mais real pensar que a somatória das interações determina o que acontece com o neurônio que as recebe.

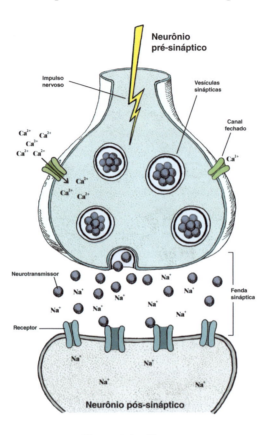

Figura 1.1 – Sinapse.

O cérebro se organiza em áreas e núcleos específicos. Já que sintetizam, armazenam e funcionam com neurotransmissores diferentes, as áreas se diferenciam pela concentração de um ou outro neurotransmissor. Por exemplo, há áreas ou núcleos mais cheios de dopamina, ou noradrenalina, ou serotonina. Quando muitos neurônios de uma área projetam seus axônios para outra área, dizemos que essa é uma via neuronal: vários neurônios mandando informação para outra área pelos axônios, cujos dendritos fazem sinapses com os neurônios dessa outra área. Uma via neuronal que sai do núcleo X e projeta para a área Y deixa essa área Y sob a influência de X. Assim, podemos pensar também em circuitos neuronais, isto é, áreas que se comunicam por vias neuronais específicas.

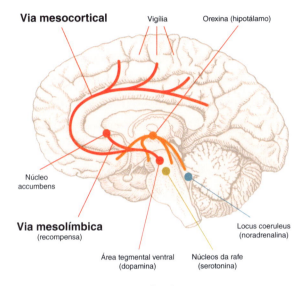

Figura 1.2 – *Exemplos de vias neuronais.*

Atualmente, sabe-se que há áreas coordenadas que se ocupam prioritariamente de uma ou outra função, como fala, escuta, visão, movimentos, lógica, sono e vigília, comunicação com o resto do corpo, memória, agressividade. Por vezes, é mais interessante e correto pensar não em uma região, mas em um sistema, um conjunto de regiões que se integram no manejo de uma função: emocionalidade e sexualidade (sistema límbico), movimentos voluntários (sistema piramidal), motricidade involuntária. O sistema límbico, que inclui septo, amígdala, hipocampo, bulbo olfatório, núcleo *accumbens*, é de interesse particular por ser considerado responsável pela elaboração de reações emocionais em seus aspectos cognitivos, comportamentais e víscero-humorais. Pode-se ainda identificar no cérebro áreas e/ou circuitos associados com determinados transtornos mentais. Por exemplo, é possível falar em um circuito da depressão que envolve áreas relacionadas aos sintomas psicológicos (humor, ansiedade etc.) e fisiológicos (perda de peso, perda de sono ou sono excessivo etc.) presentes nessa condição.

Tipos de ação de drogas psicoativas

Droga é o nome genérico dado a substâncias, naturais ou não, que provocam alterações físicas ou psíquicas ao serem ingeridas por quaisquer vias. O termo tem origem na palavra *droog*, que significa "folha seca" em holandês antigo. À época, todos os remédios tinham origem natural e eram provenientes, sobretudo, de plantas. Segundo a Organização Mundial da Saúde (OMS), o termo atualmente se refere a toda substância que pode afetar a estrutura e produzir alterações no funcionamento de um organismo vivo.

As drogas que alteram o funcionamento do SNC têm diferentes denominações. Drogas psicotrópicas são aquelas que têm tropismo pela psique, ou seja, que se dirigem à (tropismo) psique (psiquismo como função do cérebro). Na atualidade, a palavra tem conotações negativas e é erroneamente associada a drogas de abuso. Por isso, há quem prefira o termo "psicoativa", ou seja, que tem atividade no SNC, com o objetivo primário de interferir em uma função neuronal (anticonvulsivantes, por exemplo) ou em uma função psíquica (antidepressivos ou ansiolíticos, por exemplo), ou de uso recreacional (álcool, tabaco etc.). De qualquer maneira, são drogas que atuam no SNC. As drogas que são tratadas neste livro são eminentemente psicotrópicas, ou seja, atuam diretamente sobre o cérebro de alguma forma alterando o psiquismo.

Podem-se dividir as drogas psicoativas em três grandes grupos, segundo o resultado primário de sua atuação: depressoras, estimulantes e perturbadoras. As drogas depressoras do SNC, **os psicolépticos** (por exemplo, álcool, barbitúricos, benzodiazepínicos, opiáceos), diminuem o ritmo da atividade cerebral. Dependendo da dose, podem reduzir atenção, concentração, capacidade cognitiva e ansiedade, promover o sono e reduzir a coordenação psicomotora. As drogas estimulantes do SNC, **os psicoanalépticos** (por exemplo, anfetaminas, cocaína, guaraná, cafeína), aceleram o ritmo da atividade cerebral. Dependendo da dose, podem deixar o usuário "ligado", aumentar o alerta, diminuir o apetite e causar insônia. As drogas perturbadoras do SNC, **os psicodislépticos** (como maconha e alucinógenos), modificam qualitativamente o padrão de atividade cerebral. Dependendo da dose, o usuário pode ter delírios, alucinações e alterações da percepção sensorial.

De acordo com o padrão de consumo, usuários de drogas psicoativas podem ser classificados em experimental, ocasional, crônico e dependente. Vale lembrar que o padrão aceitável do uso de uma droga varia em diferentes culturas ou em uma mesma cultura em diferentes momentos históricos. É só pensar em como o tabagismo era plenamente aceito e até glamourizado no Ocidente ou em como o alcoolismo é banido em muitas partes do mundo de religião muçulmana.

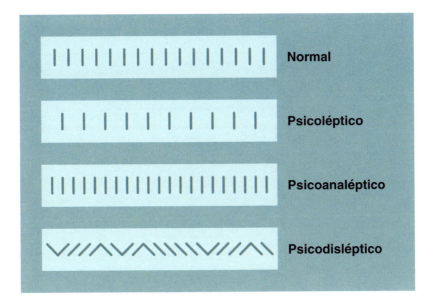

Figura 1.3 – Tipos de ação psicofarmacológica.

Para entender os vários mecanismos de ação de drogas psicoativas, em última análise, na maioria dos casos, o resultante de sua ação em neurônios, vamos lembrar que neurotransmissores podem ser excitatórios e inibitórios: quando receptores são ativados por neurotransmissores excitatórios, o neurônio é ativado; quando receptores são ativados por neurotransmissores inibitórios, o neurônio é inibido, isto é, tem sua atividade inibida, fica no estado em que está, não passa informação para o neurônio seguinte. Alguns neurotransmissores são sempre excitatórios ou sempre inibitórios; mas não podemos ser maniqueístas a esse respeito: o mesmo neurotransmissor pode ser excitatório em alguns receptores e inibitório em outros. Portanto, assim como as drogas, é bom ter em mente que o que caracteriza o efeito de uma droga é sua interação com o receptor, por isso a mesma substância, ao se combinar com um ou outro receptor, pode ter ação excitatória ou inibitória.

Cabe lembrar: quando dizemos que um receptor é ativado por um neurotransmissor, nem sempre isso significa ativação no sentido de excitação, pois uma interação entre neurotransmissor e receptor de caráter inibitório dificulta a ativação do neurônio em que essa sinapse ocorre. Uma via inibitória quando inibida pode resultar em desinibição, inclusive comportamental; um exemplo é o que acontece com etanol, que é sedativo, mas seda as vias inibitórias do comportamento, e as pessoas ficam menos inibidas, por isso fala-se mais alto, dança-se mais etc.

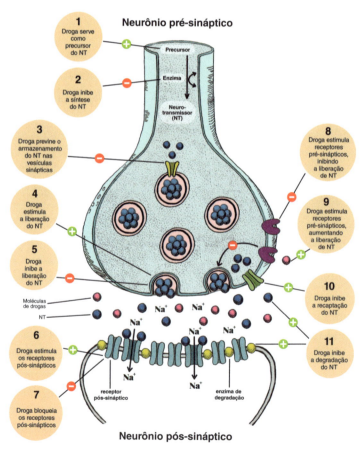

Figura 1.4 – Tipos de mecanismos de ação numa sinapse neuronal.

Nos capítulos deste livro, abordaremos como age cada uma das drogas citadas. Neste momento, apenas ilustramos de maneira geral os mecanismos pelos quais as drogas atuam nos neurônios e, através deles, nos circuitos neuronais mencionados.

1. Há drogas que servem como precursores (para síntese) de neurotransmissores: ao aumentar sua disponibilidade, a síntese fica maior, bem como a quantidade de neurotransmissor disponível para uso no neurônio. A regulação da síntese tem relevância clínica; por exemplo, pacientes que se recuperaram de episódios depressivos podem voltar ao estado depressivo por restrição de ingestão de triptofano, necessário para a síntese de serotonina.

2. Há drogas que servem como inibidores da síntese de neurotransmissores: diminuem a disponibilidade para o neurônio. Por exemplo, a alfa-metil-p-tirosina (AMPT) inibe a síntese de noradrenalina.

3. Há drogas que prejudicam o armazenamento dos neurotransmissores nas vesículas sinápticas: um exemplo é o uso clínico de aminoácidos depletores de tirosina, utilizados no manejo da mania em pacientes bipolares.

4. Há drogas que estimulam a liberação do neurotransmissor da sinapse: atuam como se fosse um potencial de ação de um neurônio pré-sináptico. A anfetamina é um exemplo, pois estimula a liberação de noradrenalina (um neurotransmissor excitatório) das vesículas sinápticas, o que ativa o SNC, isto é, age como estimulante.

5. Há drogas que inibem a liberação do neurotransmissor da sinapse: um exemplo é o anticonvulsivante levetiracetam, cuja interferência na liberação de neurotransmissores parece ser um dos mecanismos de ação.

6. Há drogas que estimulam diretamente os receptores: são exemplos a rameltona (receptores da melatonina), a nicotina (receptores colinérgicos) e o tetra-hidrocanabinol (THC) (receptores canabinoides).

7. Há drogas que bloqueiam os receptores, impedindo que o neurotransmissor liberado pelo neurônio possa ativá-los. Quase todos os antipsicóticos (sobretudo os de primeira geração) bloqueiam alguns subtipos

de receptores dopaminérgicos, resultando em diminuição de parte dos sintomas.

8. Há drogas que estimulam diretamente os chamados autorreceptores: como os autorreceptores são responsáveis pela regulação da liberação de neurotransmissor pelo neurônio, essas drogas atuam indiretamente regulando a ativação dos receptores pós-sinápticos. Exemplos: a clonidina, que atua em receptores noradrenérgicos alfa pré-sinápticos (uma droga mais comumente usada em hipertensos, mas que pode ser usada no tratamento de transtorno do déficit de atenção e hiperatividade, o TDAH), e o ansiolítico buspirona, que atua em receptores serotoninérgicos pré-sinápticos 5-HT$_{1A}$.

9. Há drogas que bloqueiam os autorreceptores: como os autorreceptores são responsáveis pela regulação da liberação do neurotransmissor, essas drogas atuam indiretamente regulando a ativação dos receptores. Parte dos efeitos colaterais que pacientes sentem no início do tratamento com antidepressivos tem a ver com esse mecanismo.

10. Há drogas que inibem a degradação (metabolização) de neurotransmissores que já foram liberados: os neurotransmissores ficam mais tempo na fenda sináptica e podem ativar mais receptores. Assim funciona, por exemplo, a maioria das drogas usadas para tratar o Alzheimer.

11. Há drogas que inibem a recaptação dos neurotransmissores que já foram liberados: como no caso anterior, os neurotransmissores ficam mais tempo na fenda sináptica e podem ativar outros receptores. Em algumas sinapses, esse é o mecanismo mais importante de retirada do neurotransmissor da fenda e, por isso, o efeito é muito acentuado. Por exemplo, o mecanismo de ação da cocaína e também dos antidepressivos da classe do Prozac® (fluoxetina).

Referências

Clark, L. A. (2005). Temperament as a unifying basis for personality and psychopathology. *Journal of Abnormal Psychology, 114*(4), 505-521.

Lara, D. R., Pinto, O., Akiskal, K., & Akiskal, H. S. (2006). Towards an integrative model of the spectrum of mood, behavioral and personality disorders based on fear and anger traits: I. Clinical implications. *Journal of Affective Disorders, 94*(1-3), 67-87.

Schneider Jr., R., Ottoni, G. L., Carvalho, H. W. de, Elisabetsky, E., & Lara, D. R. (2015). Temperament and character traits associated with the use of alcohol, cannabis, cocaine, benzodiazepines, and hallucinogens: evidence from a large Brazilian web survey. *Brazilian Journal of Psychiatry, 37*(1), 31-39.

Stahl, S. M. (2014). *Psicofarmacologia: bases neurocientíficas e aplicações práticas* (4a ed.). São Paulo: Guanabara Koogan.

2. Ansiolíticos

Elaine Elisabetsky

A ansiedade, assim como o medo, faz parte do rol de estados emocionais com tremendo valor adaptativo. Por isso, a ansiedade tem sido preservada ao longo da evolução das espécies e é encontrada em tamanha diversidade de espécies animais. É fácil imaginar o valor de adaptação que tem um animal ao ficar ansioso em ambientes em que também circulam seus predadores. Um rato ansioso e alerta tem mais chance de escapar de um gato, bem como o passarinho. Pode-se trocar essa dupla por veados e onças, bisões e leões, pacas e jacarés etc. Da mesma forma, um atleta com certo grau de ansiedade antes de uma prova tem mais chance de atuar bem que um "desligado", "tranquilão", com foco dividido em vários assuntos. Um estudante precisa de certo grau de ansiedade e alerta para se sair bem em sua avaliação, assim como o palestrante em um evento, um candidato em uma entrevista de emprego.

Entretanto, a ansiedade também se apresenta em forma patológica: quando desmesurada, sem razão identificada ou em estado persistente em vez de circunstancialmente induzida. Uma presa que fica hiperansiosa na presença de um predador pode congelar (estado de *freezing*) e não vai tentar escapar, o estudante nervoso demais vai ter um branco, o artista vai ter sua criatividade bloqueada etc.

É exatamente pelo papel central e necessário do estado de alerta na sobrevivência dos indivíduos (e manutenção da espécie) que a ansiedade é acompanhada rapidamente pelo preparo do organismo para as duas reações possíveis: fugir ou lutar. Não devemos pensar apenas nas situações extremas ou dramáticas, porque as cotidianas recrutam as mesmas reações, apenas em intensidade menor (na ausência de patologia). Os estímulos (visuais, auditivos, táteis, olfatórios) que chegam aos indivíduos são percebidos e analisados e, se essa análise identifica perigo potencial, o circuito neural envolvido com fuga ou luta tem início. Começa respondendo se o perigo é evitável pela omissão (não respondo, não digo o que me dá vontade, espero o carro passar para atravessar, dou passagem etc.) ou pela ação (fugir ou lutar). Se a avaliação indica que o perigo é evitável pela omissão, suprime-se ou adia-se a ação planejada; se aponta que é evitável pela ação, são ativados os processos necessários para o dispêndio de energia e a eficácia da ação: a capacidade e coordenação motora e a acuidade visual aumentam, o metabolismo prepara-se para o consumo de energia, o sistema cardiovascular e respiratório ajusta-se, enfim, ficam organizados os ajustes necessários para fugir ou lutar. Por exemplo, se a pessoa com quem vamos cruzar na calçada nos parece ameaçadora, todo o organismo se prepara, olhamos para verificar se tem mais gente ao redor, observamos alternativas para escapar, conferimos onde está o celular; se o som do motor da moto parada no sinal aumenta enquanto estamos na faixa de pedestre, a reação é imediata (o foco se volta para isso, o coração acelera, o passo acelera), e é só depois dessa ativação inicial que agimos racionalmente e conferimos se o sinal de pedestre ainda está verde ou se a moto de fato está se movendo. Se a situação que desencadeia o alerta se desfaz, relaxamos. Mas não temos como evitar a reação inicial (o que, para a sobrevivência, é bom), porque as bases neurais ligadas às reações de fuga ou luta fazem parte do circuito da ansiedade.

Ainda não é claro se há diferenças fisiológicas entre a ansiedade normal e a patológica. Ainda que ansiedade apareça como sintoma em muitos transtornos (de forma mais ou menos marcante), não restam dúvidas de que é, em si, uma entidade própria, com curso próprio independentemente da melhora ou piora do transtorno principal. Estudos epidemiológicos mostram que os transtornos de ansiedade são os mais prevalentes entre as doenças mentais, com prevalência global estimada em 7,3%, variando entre 4,8% e 10,9%, dependendo da região e dos critérios usados na estimativa.

Estudos mostram, ainda, que transtornos de ansiedade são associados a significativa morbidade e comorbidade e prejuízo substancial dos pacientes, incluindo déficit no aproveitamento escolar, instabilidade marital e posições inferiores na hierarquia profissional. Tais transtornos, frequentemente, precedem outras desordens psiquiátricas e sua presença pode predizer um prognóstico pior para outras condições (por exemplo, suicídio em deprimidos). Vários estudos internacionais, incluindo o reconhecido Global Burden of Disease (GBD), mostraram que, em 2010, os transtornos de ansiedade já eram a sexta causa de incapacidade (anos vividos com incapacidade) em países de alta, média e baixa renda. O impacto é maior em mulheres e nos indivíduos de 15 anos a 34 anos. Uma das conclusões dos estudos destaca que transtornos de ansiedade causam mais incapacidade que doenças físicas, mas frequentemente são menos prováveis de serem diagnosticados e tratados.

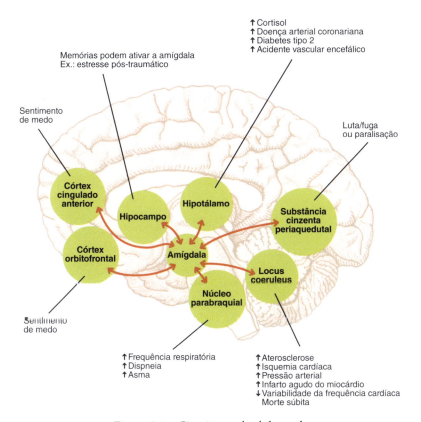

Figura 2.1 – Circuito cerebral do medo.

Cabe lembrar que ansiedade, em geral, tem manifestações somáticas (afta, sapinho, manchas na pele, dores musculares, hiperfagia ou anorexia, diarreia ou prisão de ventre etc.) e é precipitadora ou complicadora de condições primariamente físicas (herpes, gastrite etc.). A amígdala parece ser a área-chave na modulação do medo e da ansiedade (Figura 2.1). Tanto a amígdala como outras áreas do sistema límbico (memórias, emoções) se comunicam (tem conexão) com as regiões do córtex pré-frontal (tomada de decisão, volição). Estudos mostram que há hiper-responsividade da amígdala em pacientes com transtornos de ansiedade; com o tempo, isso pode levar a uma baixa do limiar de resposta a um estímulo percebido como ameaçador. Também apontaram que anormalidades nesse circuito podem ser revertidas por meio de psicoterapia ou fármacos.

Os transtornos de ansiedade, assim reconhecidos na quinta edição do *Manual Diagnóstico e Estatístico de Transtornos Mentais* (DSM-5), incluem:

- transtorno de ansiedade por separação;
- mutismo seletivo;
- fobia específica;
- transtorno de ansiedade social;
- transtorno do pânico;
- agorafobia;
- transtorno de ansiedade generalizada;
- transtorno de ansiedade induzida por substância ou medicação;
- transtorno de ansiedade devido a outra condição médica.

Transtornos obsessivo-compulsivos, de estresse agudo e de estresse pós-traumático não são mais classificados com os de ansiedade (ainda que estejam bastante relacionados a eles).

Acredita-se que os neurotransmissores mais implicados com os sintomas de ansiedade são a noradrenalina, a serotonina, a dopamina e o ácido gama-aminobutírico (GABA). No sistema nervoso central (SNC), o GABA é o principal neurotransmissor inibitório; já no sistema nervoso periférico, esse papel principal é da noradrenalina, da adrenalina e do hormônio cortisol, que preparam o organismo para fuga ou luta. A serotonina também participa do circuito da ansiedade; sabe-se, por exemplo, que pacientes com transtorno do pânico mostram alteração em um dos subtipos de receptores serotoninérgicos (5-HT_{1A}) em determinadas regiões do cérebro. O neurotransmissor orexina (sinônimo de hipocretina) aparece em concentrações aumentadas no líquido cefalorraquidiano de pacientes com transtorno do pânico em comparação aos controles.

As drogas usadas para o manejo de estados anormais de ansiedade fazem parte do grupo das drogas psicolépticas (ver Capítulo 1), que diminuem o ritmo da função cerebral. Podemos imaginar as consequências de uma diminuição crescente do ritmo de atividade cerebral encontrado no estado de alerta com a seguinte sequência: diminuição do alerta e da ansiedade (sedação), hipnose (sono), anestesia, coma e morte. Daí o perigo do mau uso e do abuso de drogas dessa classe, especialmente as mais antigas e classicamente usadas para suicídio. Sedação pode ser definida como diminuição da responsividade a dado nível de estímulo (apenas na anestesia geral atinge-se um estado de ausência de responsividade a estímulos dolorosos e sensoriais). O ansiolítico ideal nesses casos seria uma droga capaz de reduzir a ansiedade com prejuízo mínimo das funções motoras e cognitivas.

Por muitos anos, o manejo da ansiedade foi dominado pelos fármacos da classe dos benzodiazepínicos. A descoberta dos efeitos do clordiazepóxido e do diazepam foi um dos avanços significativos da psicofarmacologia, já que essas drogas são muito mais seguras que aquelas até então usadas (meprobamato e barbitúricos), cuja overdose podia ser letal, tanto que eram frequentemente usadas para suicídio, na cena clássica da pessoa encontrada desacordada com um vidro vazio de remédio a seu lado. Infelizmente, o "muito mais seguras em comparação com as mais antigas" foi rapidamente transformado em seguras, e sua prescrição passou a ser feita de maneira indiscriminada por várias especialidades médicas, levando ao mau uso e ao abuso. Tanto os barbitúricos como os benzodiazepínicos se ligam em partes específicas do receptor gabaérgico e, assim, aumentam e potencializam a ação do GABA (Figura 2.2), induzindo sedação. O efeito adverso mais importante do uso em longo prazo é o risco de dependência, por isso os benzodiazepínicos não são mais usados em tratamentos de longo prazo de transtornos de ansiedade. Há dezenas de diferentes drogas benzodiazepínicas no mercado que variam, sobretudo, em seus aspectos farmacocinéticos (como latência e duração da ação) e efeitos colaterais ou residuais (relaxamento muscular, sonolência, descoordenação motora).

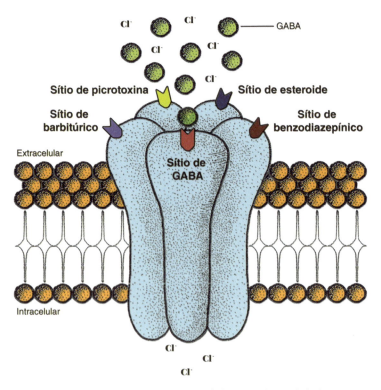

Figura 2.2 – Receptor GABAérgico e sítios de ligação de moduladores positivos.

A buspirona, da classe das azapironas, é um ansiolítico não benzodiazepínico que reduz a ansiedade por meio de estimulação de receptores de serotonina. É frequentemente usado em crianças no alívio de casos de bruxismo e em crianças autistas nas quais a ansiedade aumenta os movimentos repetitivos. A pregabalina é um anticonvulsivante que também potencializa a ação do GABA, reduzindo a ansiedade.

Como há bastante sobreposição de condições de transtornos de ansiedade e depressão, vários antidepressivos são usados como ansiolíticos. A venlafaxina (ver Capítulo 4) foi o primeiro antidepressivo a ser aprovado formalmente pela agência reguladora Food and Drug Administration (FDA), dos Estados Unidos, para o tratamento do transtorno de ansiedade generalizada. As drogas duloxetina e escitalopram também foram aprovadas para a mesma condição. Alguns antipsicóticos atípicos (ver Capítulo 5) também parecem ser efetivos para ansiedade generalizada, incluindo quetiapina, risperidona e aripiprazol.

Várias fitoterápicos produzidos de plantas medicinais e/ou seus extratos estão no mercado com alegações de atividade ansiolítica. No Brasil, entre as plantas mais conhecidas como calmantes estão o maracujá (*Passiflora edulis*), a erva-cidreira (*Melissa officinalis*), o capim-limão (*Cibopogum citratus*) a kava-kava (*Piper methysticum*), a camomila (*Matricaria recutita*) e a valeriana (*Valeriana officinalis*). O grau de embasamento científico de cada uma dessas espécies é variável, bem como a qualidade das preparações disponíveis no mercado. Algumas têm comprovação científica suficiente para validar seu uso no manejo da ansiedade, ainda que nenhuma tenha indicação específica para cada um dos transtornos de ansiedade.

Referências

American Psychiatric Association. (2014). *Manual Diagnóstico e Estatístico de Transtornos Mentais: DSM-5* (5a ed.). Porto Alegre: Artmed.

Blay, S. L., Fillenbaum, G. G., Mello, M. F., Quintana, M. I., Mari, J. de J., Bressan, R. A., & Andreoli, S. B. (2018). 12-month prevalence and concomitants of DSM-IV depression and anxiety disorders in two violence-prone cities in Brazil. *Journal of Affective Disorders, 232,* 204-211.

Kapczinski, F., Quevedo, J., & Izquierdo, I. (2011). *Bases biológicas dos transtornos psiquiátricos: uma abordagem translacional* (3a ed. rev. e atual.). Porto Alegre: Artmed.

Loane, C., & Politis, M. (2012). Buspirone: what is it all about? *Brain Research, 1461,* 111-118.

Stein, D. J., Scott, K. M., de Jonge, P., & Kessler, R. C. (2017). Epidemiology of anxiety disorders: From surveys to nosology and back. *Dialogues in Clinical Neuroscience, 19*(2), 127-136.

Strawn, J. R., Mills, J. A., Cornwall, G. J., Mossman, S. A., Varney, S. T., Keeshin, B. R., & Croarkin, P. E. (2018). Buspirone in children and adolescents with anxiety: a review and Bayesian analysis of abandoned randomized controlled trials. *Journal of Child and Adolescent Psychopharmacology, 28*(1), 2-9.

Suliman, S., Stein, D. J., Myer, L., Williams, D. R., & Seedat, S. (2010). Disability and treatment of psychiatric and physical disorders in South Africa. *The Journal of Nervous and Mental Disease, 198*(1), 8-15.

3. Hipnóticos

Elaine Elisabetsky

Por que dormimos? Mesmo que a resposta ainda não seja clara, muitos estudos parecem indicar que o sono seja "do cérebro, pelo cérebro e para o cérebro".

Em mamíferos, sono insuficiente causa disfunção do sistema nervoso, com prejuízo especial em circuitos que controlam atenção, estabilidade emocional, sensibilidade à dor, aprendizado e memória. Não é difícil correlacionar essas informações com queixas de pacientes com insônia ou com números superlativos de acidentes automobilísticos associados a adormecimento ao volante. A variedade de correlações que existem entre sono (ou falta) e suas consequências sugere que ou o sono tem muitas funções, ou a função central do sono é tão fundamental que tem efeitos profundos e extensos na fisiologia e no comportamento.

Ciclos de sono e vigília estão presentes em várias espécies, incluindo vertebrados, moluscos, artrópodes e nematoides, e aparentemente os mecanismos regulatórios desses ciclos nas diversas espécies animais é o mesmo. Em humanos o ciclo circadiano é comandado por uma área cerebral chamada núcleo supraquiasmático, composto de neurônios heterogêneos, o que explica a presença de mais de um neurotransmissor. O hormônio melatonina, sintetizado pela glândula pineal, principalmente durante o ciclo escuro, é o mais importante regulador da ritmicidade circadiana e sazonal, em eventos fisiológicos e comportamentais.

O sono é estruturado em quatro estágios, diferenciados pelas preponderâncias das formas de onda que aparecem no eletroencefalograma e em outros sinais fisiológicos. Ao longo da noite, percorre-se vários ciclos completos de sono em seus vários estágios. O estágio N1 é o mais leve (cerca de 18% do sono). No estágio N2, à medida que o sono se aprofunda, as ondas cerebrais ficam mais lentas e a temperatura corporal e a frequência cardíaca começam a diminuir (cerca de 48% do tempo de sono). O sono se aprofunda ainda mais no estágio N3 (cerca de 16% do sono), caracterizado por ondas cerebrais muito lentas e maior redução de temperatura e frequência cardíaca. O estágio N4, o mais profundo, é chamado *sono paradoxal*, porque a atividade cerebral é semelhante à do estado de vigília, mas acompanhada por ausência de tônus (atonia) muscular (cerca de 18% do sono). Os estágios N1, N2 e N3 são de movimento ocular não rápido (*non rapid eye movement* – NREM) e o estágio N4 ou R é caracterizado por movimentos rápidos dos olhos (*rapid eye movement* – REM). É durante o sono REM que se sonha, o que tem importante papel na elaboração de acontecimentos e sentimentos. Na visão de Freud, nos sonhos se dá a realização de desejos, e sonhar permite um ajuste na economia da libido. De qualquer maneira, não restam dúvidas de que essa arquitetura fisiológica do sono é necessária para a saúde física e mental, o que torna a insônia uma condição de bastante morbidade.

A insônia, considerada o segundo transtorno mental mais prevalente, refere-se a distúrbios de início, manutenção ou qualidade do sono. Episódios agudos de insônia podem acompanhar circunstâncias várias em que há estresse, excitação cognitiva ou emocional. No entanto, a manutenção de problemas do sono, contrastando com o padrão de sono do paciente afetado, é condição de considerável morbidade e propensa ao tratamento. Há várias classificações[1] para insônia, cujo diagnóstico permanece clínico. Se, por um lado, as classificações variam nos requisitos relacionados a frequência e duração dos sintomas, por outro, todas incluem a presença de sono perturbado que resulta em prejuízo de função durante o dia (nessas definições, deve ficar claro que o paciente tem tempo e oportunidade adequada para dormir).

---

1 A quinta edição do *Manual Diagnóstico e Estatístico de Transtornos Mentais* (DSM-5), a *Classificação estatística internacional de doenças e problemas relacionados à saúde* (CID-10) da Organização Mundial da Saúde e a publicação *International Classification of Sleep Disorders* (ICSD) da Academia Americana de Medicina do Sono.

Há mais de uma dezena de subtipos de insônia. Em geral, a insônia é classificada em primária ou de comorbidade, sendo esta última aplicada aos pacientes que têm condições médicas ou psiquiátricas subjacentes ou que fazem abuso de drogas. Estima-se que entre 4% e 22% da população em diferentes países é afetada por insônia e que entre 1% e 7% da insônia na vida adulta é primária, um distúrbio independente que ocorre sem associação com condições crônicas. Mulheres são mais afetadas que homens, e essa diferença se acentua na menopausa. A incidência de insônia é positivamente correlacionável com condições socioeconômicas deterioradas e menor número de anos de escolaridade. Pacientes com insônia têm mais risco de desenvolver transtornos psiquiátricos (por exemplo, 50% mais chance de desenvolver depressão) e físicos (por exemplo, hipertensão e recorrência de infartos do miocárdio).

Assim como outros aspectos fisiológicos, mudanças significativas também ocorrem no sono e no ritmo circadiano ao longo da vida. Um bebê passa gradualmente menos tempo dormindo; a partir de determinada idade, crianças não dormem mais à tarde; na meia-idade o padrão de sono se altera na quantidade e na qualidade. A produção de melatonina é significativamente menor em homens e mulheres idosos do que em jovens e, por essa razão, é comum que idosos saudáveis mudem os hábitos de sono (por exemplo, adormecendo e acordando cedo). A redução no tempo total de sono pode ser percebida como anormal.

Com o aumento da idade, são também mais prevalentes condições crônicas que podem estar associadas à maioria dos sintomas de insônia na população idosa, ou mesmo explicá-los. Entre essas condições estão a presença de doença pulmonar obstrutiva crônica, doenças cardiovasculares, dor crônica, câncer, depressão e uso de medicamentos. Além disso, insatisfações com a circunstância do envelhecimento, como aposentadoria, inatividade ou necessidade de prestação e cuidados, levam a estados emocionais que podem gerar insônia. É importante chamar a atenção para as alterações do sono em idosos, já que várias das medicações hipnóticas (ver adiante) têm efeitos residuais após o período do sono, como déficits de coordenação motora que podem levar a quedas com consequências importantes nessa faixa etária. Esses aspectos específicos da insônia em idosos enfatizam a importância do exame físico completo e da análise da história detalhada dos padrões de sono do paciente como base da avaliação da insônia. Nesses casos, é ainda mais relevante considerar que tratamentos não farmacológicos têm benefícios favoráveis e duradouros na comparação com a terapia farmacológica.

As opções não farmacológicas de tratamento incluem terapia cognitivo-comportamental (TCC), com foco nos fatores psicológicos, comportamentais e cognitivos, que perpetuam os sintomas de insônia. Há fortes evidências da eficácia da TCC para insônia, e estudos de meta-análise mostram melhoras na latência para adormecer, na redução do número de despertares durante a noite e no tempo total de sono. Apesar de tanto o tratamento farmacológico como a TCC parecerem eficazes no tratamento a curto prazo da insônia, pacientes que se trataram com TCC parecem ter maior probabilidade de conseguir benefício sustentado depois da descontinuidade da terapia. A TCC pode ser usada em combinação com medicamentos, e os melhores resultados em longo prazo são obtidos por pacientes que usaram terapia combinada no início seguida por apenas TCC. Também tem sido usada com sucesso na retirada ou na diminuição gradual de medicamentos em pacientes tratados por longos períodos com fármacos hipnóticos.

As opções farmacológicas constituem medicamentos hipnóticos que induzem sonolência e facilitam o início e a manutenção de um estado de sono parecido com o natural (em seus aspectos eletrofisiológicos) e do qual a pessoa possa ser facilmente despertada. Um agente hipnótico ideal induz o sono rapidamente, mantém a arquitetura do sono o mais próxima possível do padrão fisiológico e não tem efeitos residuais ao acordar.

Como vimos nos capítulos anteriores, o ácido gama-aminobutírico (GABA) é o principal neurotransmissor inibitório do cérebro, cujos receptores desempenham um papel crucial no sono. Há dois tipos principais de receptores GABA – GABAA e GABAB – que se constituem em uma proteína formada por várias unidades. Atualmente, sabe-se que no receptor GABAA a subunidade α1 está associada à sedação, as subunidades α2/3 estão associadas à ansiedade e a subunidade α5 está ligada à memória temporal e espacial.

Os sistemas melatonérgico e canabinoide também fazem parte dos sistemas endógenos de promoção do sono e representam novos alvos de drogas.

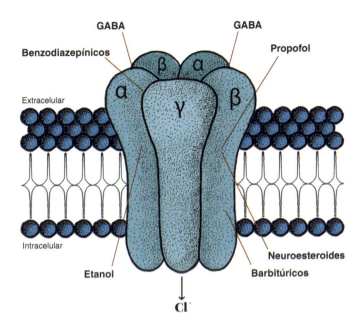

Figura 3.1 – O receptor GABAérgico GABAA e sítios de ligação dos moduladores positivos.

Os agentes hipnóticos incluem os agonistas de receptor benzodiazepínicos da classe das não benzodiazepinas (os compostos Z), os agonistas de receptor benzodiazepínicos da classe das benzodiazepinas (os benzodiazepínicos propriamente ditos), os antidepressivos (como doxzepina, que ajuda na manutenção do sono) e os agonistas de receptor de melatonina (como ramelteona). Fármacos das duas primeiras classes ativam receptores benzodiazepínicos (o sítio de ligação de benzodiazepínicos no receptor GABAérgico), facilitando a ligação do GABA (neurotransmissor endógeno) ao receptor GABAA. Os compostos Z são agonistas no local benzodiazepínico seletivo a receptores GABAA que contêm a subunidade α1. Agonistas de receptores à melatonina também são hipnóticos, já que a melatonina é o principal hormônio regulador do sono.

Suvorexant é uma droga hipnótica aprovada, em 2014, pela agência reguladora estadunidense Food and Drug Administration (FDA), cujo mecanismo de ação é o antagonismo seletivo de receptores da orexina (um neuropeptídio que mantém as pessoas acordadas). Zolpidem, eszopiclona, zaleplona, esztazolam, flurazeplam, temazepam, triazolam e quazepam são as drogas aprovadas pela FDA para o tratamento de curto prazo da insônia. Doxepina é indicada para melhorar a manutenção do sono, e ramelteona é usada para melhorar o início do sono. Alguns outros medicamentos podem ser prescritos para insônia, particularmente para pacientes com comorbidades, entre os quais antidepressivos, antipsicóticos e antiepiléticos. Nesses casos, pode-se optar por usar as drogas úteis ao distúrbio presente que são mais sedativas ou têm efeitos benéficos ao sono.

No capítulo anterior, verificou-se que os benzodiazepínicos são drogas muito mais seguras que os medicamentos mais antigos (brometos e barbitúricos), já que não induzem depressão generalizada no sistema nervoso central. Ainda que o coma possa ocorrer em doses muito altas, nem anestesia nem intoxicações fatais podem ser induzidas por benzodiazepínicos, a não ser que sejam ingeridos com outras drogas depressoras – a exceção é o midazolam, que modifica a respiração. Há dezenas de compostos benzodiazepínicos no mercado que variam, sobretudo, em seus aspectos farmacocinéticos: quanto tempo demoram para agir, por quanto tempo agem e por quanto tempo ficam no organismo. Em maior ou menor grau, todos interferem na arquitetura do sono (diminuindo sono REM) e têm efeitos amnésicos.

Vale reafirmar que "mais seguras" não quer dizer "sem efeitos colaterais". Os benzodiazepínicos têm alto potencial de dependência e, na década de 1980, chegaram a ser os medicamentos mais prescritos no mundo ocidental, com 10% da população masculina e 20% da feminina fazendo uso contínuo em muitos países da Europa, índices certamente muito acima da prevalência da insônia. A interrupção abrupta em pacientes dependentes pode acarretar síndrome de abstinência com insônia de rebote (ou seja, mais intensa do que antes da medicação), aumento da pressão arterial, tremor e agitação.

Os compostos Z também têm potencial aditivo, e a retirada após uso prolongado pode gerar síndrome de abstinência. Os efeitos residuais dos compostos Z podem incluir sedação matutina e dificuldade de lembrar eventos após o uso (amnésia anterógrada), especialmente se o medicamento foi ingerido durante a noite, em horário próximo ao de despertar. Podem ainda levar a déficits de memória, sonolência durante o dia, prejuízo da coordenação motora (com risco na condução de veículos ou máquinas) e aumento do perigo de quedas em idosos (ainda que em menor grau do que os benzodiazepínicos). O potencial de dependência ao suvorexant parece comparável aos dos compostos Z.

Referências

American Academy of Sleep Medicine. (2001). *International Classification of Sleep Disorders, Revised: Diagnostic and Coding Manual*. Chicago, Illinois: American Academy of Sleep Medicine.

American Psychiatric Association. (2014). *Manual Diagnóstico e Estatístico de Transtornos Mentais: DSM-5* (5a ed.). Porto Alegre: Artmed.

Deak, M. C., & Winkelman, J. W. (2012). Insomnia. *Neurologic Clinics, 30*(4), 1045-1066.

Joiner, W. J. (2016). Unraveling the evolutionary determinants of sleep. *Current Biology, 26*(20), r1073-r1087.

Mihic, S. J., Mayfield, J., & Harris, R. A. (2017). Hypnotics and sedatives. In L. L. Brunton, R. Hilal-Dandan, B. C. Knollmann (Eds.), *Goodman & Gilman's: the pharmacological basis of therapeutics* (13th ed.). New York: McGraw-Hill Education.

Organização Mundial da Saúde. (1997). *CID-10: Classificação estatística internacional de doenças e problemas relacionados à saúde*. São Paulo: Edusp.

Patel, D., Steinberg J., & Patel, P. (2018). Insomnia in the elderly: a review. *Journal of Clinical Sleep Medicine, 15;14*(6), 1017-1024.

4. Antidepressivos e estabilizadores de humor

Angelo Piato

De acordo com a quinta edição do *Manual Diagnóstico e Estatístico de Transtornos Mentais* (DSM-5), da American Psychological Association (APA), para o diagnóstico de transtorno depressivo maior, também conhecido como depressão maior unipolar, o paciente deve apresentar os seguintes sintomas: pelo menos um episódio com duração de ao menos duas semanas de humor deprimido e/ou perda de interesse ou prazer, acompanhado de cinco ou mais dos nove sintomas a seguir: humor deprimido, perda de interesse em atividades corriqueiramente prazerosas (anedonia), alteração no ritmo de sono/vigília, alteração no apetite ou peso, retardo ou agitação psicomotora, baixa energia, baixa concentração, pensamentos de culpa e pensamentos/comportamentos suicidas. Existem outras condições dentro dos transtornos depressivos, como o transtorno depressivo persistente, conhecido também como distimia. Nesse caso, apesar de menos grave, os sintomas devem estar presentes por pelo menos dois anos.

O transtorno depressivo maior é uma condição grave, incapacitante e heterogênea, com impactos pessoais e sociais relevantes. Essa condição está associada a doença arterial coronariana, diabetes melito, doença de Parkinson e acidente vascular encefálico. Além disso, está associada ao aumento da mortalidade por todas as causas, suicídio completo, homicídios e morte acidental. Em pacientes com idade avançada, pode ser um fator de risco para declínio cognitivo e, possivelmente, demência.

Estudos epidemiológicos realizados em vários países mostraram que a prevalência do transtorno depressivo maior e do transtorno depressivo persistente (distimia) em adultos ao longo da vida foi de, aproximadamente, 12%. Nos Estados Unidos, a prevalência foi de 17% e 3%, respectivamente. Já em países em desenvolvimento, como China, Brasil e México, a prevalência para ambas as condições foi de, aproximadamente, 9%. Embora a prevalência ao longo da vida não seja uma medida confiável, pois provavelmente os dados são subestimados, cerca de 20% dos indivíduos cumprem com os critérios para transtorno depressivo maior em algum momento da vida. Sabe-se que essa condição é mais prevalente em mulheres (com proporção aproximada de 2:1) e menos comum em idosos, em comparação com adultos jovens.

Fatores ambientais como perda de um parceiro (por exemplo, devido a divórcio ou falecimento), eventos como doença ou perda de parentes e/ou amigos próximos e problemas financeiros ou desemprego têm papel relevante na etiologia do transtorno depressivo maior e do transtorno depressivo persistente. Condições adversas nas idades iniciais (como traumas e abusos) e baixo nível educacional podem contribuir significativamente para o desenvolvimento desses transtornos, ainda que mais estudos sejam necessários para estabelecer uma relação causal mais robusta. Além dos fatores ambientais, há fatores genéticos associados a essas condições. Resultados de duas meta-análises com mais de 35 mil gêmeos monozigóticos constatou que a taxa de concordância para o aparecimento de transtorno depressivo maior foi de, aproximadamente, 40%.

As bases neurobiológicas do transtorno depressivo maior são complexas e não são completamente compreendidas e elucidadas. Historicamente, a neurobiologia da depressão foi relacionada ao mecanismo dos fármacos. Isso quer dizer que, em vez de se determinar o que está alterado no sistema nervoso de pacientes deprimidos e a partir daí buscar farmacologicamente uma intervenção, de modo serendíptico, foram descobertos fármacos que melhoravam os sintomas de pacientes deprimidos e, anos depois, o mecanismo de ação desses fármacos foi determinado. Em um pensamento circular, se o fármaco A atua via mecanismo X e o paciente melhora dos sintomas, logo, a disfunção no sistema X é responsável pela depressão. Entretanto, essa lógica tem muitas limitações e não consegue explicar em sua totalidade os efeitos dos antidepressivos e as bases neurobiológicas dos transtornos depressivos. Sabe-se que praticamente todos os sistemas de neurotransmissores estão envolvidos, o que significa que há disfunções nos níveis de serotonina, noradrenalina, dopamina, ácido gama-aminobutírico (GABA) e glutamato em diversas regiões encefálicas responsáveis por várias funções, como cognitivas, motoras, de controle do ciclo sono/vigília e comportamentais. Isso justifica, pelo menos em parte, os sintomas observados e a heterogeneidade deles.

Nas últimas décadas, pesquisas têm ampliado as informações sobre o que está por trás da depressão. Novas evidências associaram essa condição a disfunções em eixos neuroendócrinos, neuroinflamação, aumento de citocinas pró-inflamatórias (como interleucinas 1β e 6), aumento de estresse oxidativo e excitotoxicidade glutamatérgica e diminuição de fatores neurotróficos como *brain-derived neurotrophic factor* (BDNF) em determinadas regiões encefálicas. A partir dessas evidências que sinalizam potenciais alvos para o tratamento da depressão, abrem-se novas perspectivas para pesquisa e desenvolvimento de fármacos mais eficazes e seguros para os pacientes.

Na década de 1950, pesquisadores descobriram que a reserpina, um alcaloide extraído de uma espécie chamada *Rauwolfia serpentina* (Apocynaceae) utilizado como anti-hipertensivo, precipitava episódios de depressão em alguns pacientes. Posteriormente, descobriu-se que esse alcaloide inibia o transportador de monoaminas vesicular e, como consequência, depletava as monoaminas (ou seja, serotonina, noradrenalina e dopamina) cerebrais. Esses achados forneceram evidências do papel desses neurotransmissores na depressão e contribuíram para a hipótese monoaminérgica da depressão. Essa hipótese postula que a depressão é causada por uma diminuição de monoaminas no sistema nervoso central (cf. Schildkraut, 1965). Paralelamente à reserpina, outros achados corroboraram a hipótese monoaminérgica da depressão.

Durante o desenvolvimento de novos compostos para o tratamento da tuberculose, Fox e Gibas (1953) sintetizaram um derivado da isoniazida chamado iproniazida. Nos testes clínicos da iproniazida, percebeu-se uma melhora no humor de alguns pacientes bastante debilitados pela tuberculose (cabe ressaltar que naquela época não havia arsenal terapêutico como o da atualidade para o tratamento desses pacientes). Pacientes tratados com iproniazida apresentaram euforia, psicoestimulação, aumento do apetite e melhora do sono. Posteriormente, em um estudo conduzido com pacientes diagnosticados com depressão, comprovou-se o efeito antidepressivo do fármaco (Loomer, Saunders & Kline, 1957). A iproniazida foi o primeiro fármaco aprovado para o tratamento da depressão e é classificado como inibidor da enzima monoaminoxidase (MAO). Essa enzima é responsável por inativar as monoaminas. Portanto, se a depressão é resultado de uma depleção de monoaminas (como serotonina, noradrenalina e dopamina) no sistema nervoso central, há pelo menos duas formas de reverter esse *status*: inibindo a enzima responsável por sua degradação (ou seja, inibindo a MAO) ou inibindo a recaptação desses neurotransmissores (ou seja, bloqueando a recaptação de monoaminas), aumentando, dessa forma, a disponibilidade na fenda sináptica. Este último mecanismo é comum a muitos antidepressivos, com certas particularidades, como será visto a seguir.

Apesar dessas evidências, a hipótese monoaminérgica da depressão apresenta limitações. Por exemplo, anfetaminas em geral aumentam rapidamente os níveis de monoaminas no sistema nervoso central, mas não são antidepressivos. Sabe-se que o aumento transitório dos níveis de monoaminas não é suficiente para o paciente apresentar melhora dos sintomas depressivos, já que são necessárias modificações complexas no sistema nervoso central e nos sistemas de neurotransmissores, e isso pode levar semanas.

A partir da descoberta, ao acaso, da iproniazida, a busca por novos antidepressivos foi intensificada e diversos fármacos atualmente estão disponíveis para a farmacoterapêutica da depressão. Aqui, os antidepressivos são didaticamente divididos pelo mecanismo de ação em (I) inibidores da recaptação de monoaminas, (II) antagonistas de receptores de monoaminas, (III) inibidores da MAO e (IV) fármacos com mecanismo de ação diverso. A Figura 4.1 exemplifica o mecanismo de ação de um desses fármacos. Em cada classe, há peculiaridades em relação aos efeitos adversos. Entretanto, todos os antidepressivos podem aumentar o risco de pensamento e/ou comportamento suicida em crianças e jovens adultos (< 24 anos). Esses pacientes devem ser monitorados com relação a mudanças de comportamento, alteração do estado clínico e tendências suicidas. Nesse caso, a família e/ou pessoas próximas ao paciente têm um papel importante na detecção dessas manifestações. Cabe ressaltar que nem todos os antidepressivos são aprovados para uso pediátrico.

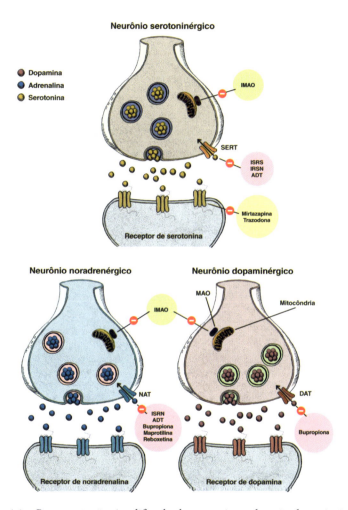

Figura 4.1 – Representação simplificada do mecanismo de ação das principais classes de antidepressivos.

Legenda: IMAO: antidepressivos inibidores da monoaminoxidase (MAO). ISRS: antidepressivos inibidores seletivos da recaptação de serotonina. IRSN: antidepressivos inibidores da recaptação de serotonina e noradrenalina. ADT: antidepressivos tricíclicos. SERT: transportadores de serotonina. NAT: transportadores de noradrenalina. DAT: transportadores de dopamina.

Inibidores da recaptação de monoaminas

Os inibidores da recaptação de monoaminas são uma classe heterogênea de compostos, com particularidades em relação ao mecanismo de ação e perfil de efeitos adversos. Dessa classe, fazem parte os antidepressivos inibidores seletivos da recaptação de serotonina, os antidepressivos tricíclicos, os antidepressivos inibidores da recaptação de serotonina e noradrenalina e os antidepressivos inibidores da recaptação de noradrenalina.

Inibidores seletivos da recaptação de serotonina (ISRS)

Esta classe é uma das mais prescritas para o tratamento da depressão. Podem ser citados os medicamentos fluoxetina – aprovada em 1987, nos Estados Unidos, pela agência reguladora Food and Drug Administration (FDA) –, fluvoxamina, sertralina, citalopram, escitalopram, paroxetina e vilazodona. Todos compartilham o mesmo mecanismo de ação, ou seja, inibem seletivamente a recaptação de serotonina na fenda sináptica e promovem aumento de serotonina no sistema nervoso central. Apesar de amplamente utilizados (inclusive para o tratamento de transtornos de ansiedade e de transtornos obsessivo-compulsivos), esses fármacos apresentam uma série de efeitos adversos, como náusea, diarreia, insônia, perda da libido e anorgasmia.

Antidepressivos tricíclicos (ADT)

A imipramina foi aprovada em 1959 pela FDA para o tratamento da depressão. Além da imipramina, podem ser destacadas as drogas desipramina, amitriptilina, nortriptilina e clomipramina, que inibem a recaptação de serotonina e noradrenalina. O uso desses fármacos está associado a diversos efeitos adversos, muitos desencadeados graças à interação desses compostos com diversos tipos de receptores no sistema nervoso central. Entre esses efeitos, estão sedação e perda de coordenação motora (por interação com receptores histaminérgicos), boca seca, constipação, retenção urinária e visão borrada (por interação com receptores muscarínicos) e hipotensão (por interação com receptores adrenérgicos). Apresentam ainda estreita janela terapêutica, ou seja, a dose terapêutica é muito próxima à dose tóxica. Altas doses desses fármacos podem induzir alterações da função cardíaca, como arritmias. A overdose de ADT é potencialmente fatal, por isso devem ser evitados ou monitorados em pacientes com ideação ou comportamento suicida.

Inibidores da recaptação de serotonina e noradrenalina (IRSN)

Venlafaxina, desvenlafaxina, duloxetina e milnaciprano são os representantes desta classe. A venlafaxina também pode ser encontrada na forma de liberação prolongada, uma forma farmacêutica que apresenta menor incidência de náuseas. Além de serem prescritos como antidepressivos, esses fármacos são também aprovados para uso em transtorno de ansiedade generalizada (venlafaxina e duloxetina), ansiedade social (venlafaxina), transtorno de pânico (venlafaxina), ondas de calor devido à terapia hormonal (uso *off-label*, venlafaxina), transtorno de déficit de atenção (venlafaxina), dor neuropática (uso *off-label*, venlafaxina) e fibromialgia (duloxetina e milnaciprano). Apesar de serem fármacos lançados mais recentemente no mercado, também podem causar uma série de efeitos adversos, como cefaleia, insônia, disfunção sexual, boca seca, tontura, sudorese e alteração do apetite. Há relatos de hepatotoxicidade em pacientes que utilizaram duloxetina, por isso, esse fármaco deve ser evitado em pacientes com doença hepática prévia.

Os IRSN não devem ser associados aos ISRS, porque há risco aumentado de desenvolvimento de uma síndrome serotoninérgica por conta do aumento do aporte de serotonina no sistema nervoso central. Pacientes com essa síndrome apresentam hiperatividade autonômica, alterações hemodinâmicas, alterações neuromusculares e alterações no estado mental (agitação, excitação, confusão e coma). A conduta nesses casos inclui descontinuação dos antidepressivos (ou de outros fármacos serotoninérgicos, como o tramadol (um analgésico opioide) e a linezolida (um antibiótico), cuidado e estabilização dos sinais vitais e sedação com benzodiazepínicos.

Outros antidepressivos inibidores da recaptação

A reboxetina é um inibidor da recaptação de noradrenalina. Apesar de aprovado para uso na Europa e no Brasil como antidepressivo, o fármaco não é aprovado para uso nos Estados Unidos. Atomoxetina atua segundo o mesmo mecanismo de ação, entretanto, é aprovado apenas para uso em transtorno de déficit de atenção com hiperatividade (TDAH).

A bupropiona foi aprovada pela FDA em 1989 para o tratamento de depressão. Esse fármaco possui formas farmacêuticas de liberação sustentada (*sustained-release* – SR) e prolongada (*extended-release* – XL). Essas formas não diferem em relação à eficácia, mas em relação a aspectos farmacocinéticos e, consequentemente, à posologia. Diferentemente dos fármacos anteriores, a bupropiona é um inibidor da recaptação de dopamina e noradrenalina, e pode ser prescrita para pacientes que preferem evitar disfunção sexual ou que desejam tratamento para dependência de tabaco, já que foi aprovada para esse fim no final da década de 1990.

Antagonistas de receptores de monoaminas

Mirtazapina e mianserina são antagonistas de receptores α_2 e $5HT_{2A/2C}$. Ao bloquear esses receptores, aumentam os níveis de noradrenalina e serotonina, respectivamente, contribuindo para o efeito antidepressivo. Já a trazodona, a nefazodona e a vortioxetina (aprovada pela FDA em 2013), além de serem antagonistas de receptores serotoninérgicos, também atuam inibindo a recaptação de serotonina. Trazodona também bloqueia receptores do tipo histaminérgico H1, causando sedação, e esse efeito pode ser benéfico em pacientes diagnosticados com depressão que também apresentam insônia.

Ainda que seja uma informação controversa, alguns autores descrevem que esta classe de antidepressivos apresenta menos incidência de efeitos adversos.

Inibidores da monoaminoxidase (IMAO)

Os IMAO já foram muito utilizados como antidepressivos no passado, mas foram suplantados por outros. São representantes dessa classe: fenelzina, tranilcipromina e iproniazida. A enzima MAO produz desaminação oxidativa (ou quebra) de monoaminas (por exemplo, serotonina, dopamina, epinefrina e norepinefrina) e aminas simpatomiméticas (por exemplo, tiramina, benzilamina etc.). Existem duas isoenzimas, a MAO$_A$ e a MAO$_B$, e sua distribuição varia em todo o corpo. A MAO$_A$ é a enzima responsável pelo metabolismo de serotonina, melatonina, noradrenalina e adrenalina, ao passo que a MAO$_B$ é responsável pela degradação de fenetilamina e benzilamina. Curiosamente, ambas as isoenzimas desaminam dopamina, tiramina e triptamina. As MAOs responsáveis pela decomposição de monoaminas estão localizadas no terminal pré-sináptico. O resultado da inibição da MAO é o aumento das concentrações de neurotransmissores no terminal pré-sináptico e, consequentemente, maior disponibilidade para liberação quando os potenciais de ação atingem o terminal nervoso.

Pacientes que utilizam esses fármacos podem apresentar a chamada reação do queijo. Verificou-se que a MAO é responsável pelo metabolismo de monoaminas centrais, mas também periféricas. Queijos e derivados apresentam grande quantidade de tiramina, uma amina simpatomimética. Essa amina é metabolizada pela MAO presente nas células da parede intestinal, mas, se o paciente estiver utilizando um inibidor da MAO, isso não ocorrerá. O paciente pode apresentar diversos efeitos adversos como consequência da absorção exacerbada de tiramina, como crise hipertensiva aguda, cefaleia e até hemorragia intracraniana.

Fármacos com mecanismo de ação diverso

A maior parte dos antidepressivos disponíveis no mercado apresenta semelhanças em relação ao mecanismo de ação, ou seja, de uma maneira ou de outra, modulam os sistemas serotoninérgico, noradrenérgico e/ou dopaminérgico. Entretanto, apesar da grande disponibilidade de opções, há uma parcela de pacientes que não responde adequadamente ao tratamento e, consequentemente, não apresenta remissão dos sintomas depressivos. Isso corrobora com o que foi discutido anteriormente: a hipótese monoaminérgica da depressão apresenta limitações, e parece que essa grave condição não está relacionada apenas a distúrbios nos sistemas das monoaminas. Nesse sentido, estudos têm demonstrado que, além das monoaminas, outros sistemas parecem estar disfuncionais na depressão. Em particular, o sistema glutamatérgico tornou-se um ponto focal da pesquisa de desenvolvimento de novos fármacos. A partir desses resultados, abriu-se a possibilidade de ampliação do arsenal terapêutico, em busca de melhor eficácia e mais segurança.

Em 2006, um estudo randomizado com um número pequeno de pacientes, mostrou que a cetamina, um antagonista de receptores de N-metil--D-aspartato (NMDA) de glutamato e utilizada como anestésico por via parenteral, foi capaz de reverter o quadro clínico de pacientes diagnosticados com depressão alguns minutos após a injeção, com efeito que durou uma semana. Cabe lembrar que, como discutido anteriormente, com os antidepressivos atuais, pode levar várias semanas até o paciente apresentar melhora nos sintomas. Esse achado foi surpreendente e abriu uma nova possibilidade de ação dos antidepressivos sem precedentes: a modulação do sistema glutamatérgico. Entretanto, a cetamina é um fármaco que pode causar diversos efeitos adversos, sendo, inclusive, utilizada como droga de abuso (conhecida como *Special K*) e como "droga de estupro".

Diversos estudos subsequentes com outros moduladores de receptores NMDA, como a memantina, não apresentaram resultados promissores em pacientes com depressão. Entretanto, em 2019, a FDA aprovou um fármaco análogo à cetamina, chamado escetamina. A grande diferença entre os compostos, além dos aspectos químicos e de afinidade pelos receptores de NMDA (a escetamina é mais potente), é que o segundo pode ser administrado por via intranasal. Ainda que não esteja disponível no Brasil no momento da publicação deste livro, a escetamina é indicada para pacientes não responsivos aos tratamentos usuais para depressão. Embora esteja estabelecido que a cetamina e a escetamina sejam antagonistas do receptor NMDA, não está claro se é esse o mecanismo responsável pelos efeitos antidepressivos desses fármacos.

Pacientes diagnosticados com depressão frequentemente apresentam alterações no ciclo sono/vigília. Nesse sentido, análogos do neuro-hormônio melatonina, responsável pela regulação desse ciclo, podem ser promissores para o tratamento da depressão.

Apesar de não aprovada pela FDA nos Estados Unidos, a agomelatina é usada para o tratamento da depressão. Ela atua como agonista dos receptores de melatonina do tipo MT1 e MT2. O efeito nesses receptores seria responsável pelos resultados benéficos sobre os transtornos do sono, ajudando a restaurar os ritmos circadianos normais. Esse fármaco também antagoniza receptores serotoninérgico 5-HT$_{2C}$, que, por sua vez, aumentam a liberação de dopamina e noradrenalina. Não induz alterações nos níveis extracelulares de serotonina nem atua sobre a recaptação de monoaminas. Além disso, não possui afinidade por receptores adrenérgicos, colinérgicos, dopaminérgicos e histaminérgicos, por isso efeitos adversos como sedação, tontura, perda de coordenação motora e disfunção sexual são menos comuns quando comparados a outros antidepressivos.

Eficácia de antidepressivos

Embora existam várias opções de tratamento farmacológicas e não farmacológicas para a depressão, aproximadamente um terço dos pacientes não responde adequadamente ao tratamento – lembrando que, mesmo em pacientes que respondem aos antidepressivos, há um atraso de algumas semanas até que a remissão adequada dos sintomas seja alcançada.

Publicado em 2006, o estudo *Sequenced treatment alternatives to relieve depression* (STAR*D) (Rush et al., 2006) foi um dos maiores já realizados para avaliação de eficácia de antidepressivos. Ao final do estudo, que durou seis anos e testou a eficácia da farmacoterapia para depressão, concluiu-se que não há diferença de eficácia entre as diversas classes de antidepressivos. Além disso, comprovou-se que, em pacientes que necessitam de diferentes abordagens farmacoterapêuticas – ou seja, aumento de dose, troca de antidepressivos, utilização concomitante de antidepressivos –, são esperadas taxas mais baixas de remissão e taxas mais altas de recaída.

Posteriormente, Kirsch (2008) publicou uma meta-análise mostrando que os antidepressivos possuem um efeito sutil em pacientes com depressão leve a moderada e um efeito um pouco mais relevante em pacientes com depressão severa. Em 2018, uma meta-análise publicada no periódico *The Lancet* (cf. Cipriani et al., 2018), comparou a eficácia de vários antidepressivos. Nesse estudo, todos os antidepressivos foram mais eficazes que o placebo em pacientes com depressão. Apesar da amitriptilina, um antidepressivo tricíclico, apresentar o melhor efeito, ainda é uma resposta muito sutil e questionável.

Portanto, ainda que a eficácia dos antidepressivos seja mostrada em diversos estudos, há necessidade de uma avaliação crítica dos resultados, visto que o benefício do tratamento farmacológico em pacientes com depressão leve a moderada não é tão evidente. Considerando a falta de clara superioridade na eficácia entre os antidepressivos, a seleção de um fármaco é baseada em outros fatores, como perfil de efeitos adversos, comorbidades presentes, potenciais interações medicamentosas, facilidade de uso, custo e resposta do paciente a antidepressivos durante episódios depressivos anteriores.

Estabilizadores do humor

Os estabilizadores do humor são uma classe heterogênea de fármacos utilizados para o tratamento do transtorno bipolar. Esse importante transtorno mental é caracterizado por flutuações no humor que podem ocorrer em uma diversificada escala temporal entre os pacientes. De acordo com o DSM-5, o transtorno bipolar é um transtorno do humor que se caracteriza por episódios de mania, hipomania e depressão. Esse transtorno pode ser classificado em bipolar I e bipolar II: os pacientes com transtorno bipolar I apresentam episódios maníacos e quase sempre episódios depressivos maiores e hipomaníacos; os pacientes com transtorno bipolar II apresentam pelo menos um episódio hipomaníaco, pelo menos um episódio depressivo maior e ausência de episódios maníacos.

Para o diagnóstico de mania, o paciente deve apresentar episódio de humor anormal e elevado, expansivo ou irritável e atividade ou energia aumentada de forma anormal e persistente, durante pelo menos uma semana e presente a maior parte do dia, quase todos os dias. Nesse período, o paciente deve apresentar pelo menos três dos seguintes sintomas: autoestima inflada e sentimento de grandiosidade, diminuição da necessidade de sono, verborreia, comportamento de risco (por exemplo, compras em excesso, indiscrições sexuais, perda do controle financeiro com investimentos sem planejamento), ideias em turbilhão, fácil distração e agitação psicomotora. O critério diagnóstico para depressão foi comentado anteriormente neste capítulo.

No tratamento do transtorno bipolar são utilizados, em monoterapia ou em combinação, os seguintes fármacos: carbonato de lítio, antiepilépticos (por exemplo, carbamazepina, valproato de sódio e lamotrigina) e antipsicóticos (por exemplo, olanzapina, risperidona, quetiapina, aripiprazol e lurasidona).

Descoberto em 1949 por John Cade, o carbonato de lítio tornou-se o primeiro fármaco usado no tratamento de pacientes diagnosticados com transtorno bipolar. Pacientes que utilizam lítio devem ser frequentemente monitorados em relação à concentração plasmática do fármaco devido à estreita janela terapêutica. Entre os efeitos adversos, que podem ocorrer mesmo dentro da concentração terapêutica do fármaco, podem ser destacados: leucocitose, poliúria/polidipsia, boca seca, ganho de peso, tremor, confusão mental, prejuízo da memória, cefaleia, fraqueza muscular, alterações no eletrocardiograma e toxicidade renal. Não deve ser utilizado por gestantes, pois pode causar risco ao feto. Apesar da extensa lista de efeitos adversos, o lítio continua sendo a base do tratamento para o transtorno bipolar, especialmente para mania aguda e tratamento de manutenção. Além disso, o lítio parece reduzir o risco de suicídio em pacientes com transtorno bipolar e pode ainda ter outros benefícios, como reduzir o risco de desenvolver transtorno neurocognitivo.

O mecanismo de ação em pacientes com transtorno bipolar é incerto, mas parece envolver a inibição de enzimas relacionadas à neurotransmissão em sua fase intracelular, parte das quais relacionada a apoptose, neurogênese e plasticidade neuronal. O lítio parece afetar também diversos sistemas de neurotransmissores, incluindo noradrenalina, dopamina, serotonina, GABA e outros fatores importantes na transmissão nervosa. Estudos também relacionam excitotoxicidade induzida por glutamato na patofisiologia do transtorno bipolar (particularmente a mania) e levantam a hipótese de que a eficácia do lítio pode estar relacionada a sua modulação da atividade anormal do cálcio no receptor glutamatérgico do tipo NMDA. Além dos mecanismos descritos, o lítio também parece aumentar a neurogênese e os fatores neuroprotetores em pacientes com transtorno bipolar.

Os antiepilépticos usados como estabilizadores do humor, por sua vez, apresentam menos efeitos adversos quando comparados ao lítio e eficácia comprovada nos pacientes com transtorno bipolar. O mecanismo de ação, nesse caso, é diversificado e não completamente esclarecido, mas parece envolver o bloqueio de canais de sódio. A lamotrigina é utilizada para prevenção de episódios de mania e depressão. Os antipsicóticos também fazem parte do arsenal terapêutico para pacientes com transtorno bipolar, usualmente utilizados em combinação com lítio ou valproato. O mecanismo de ação e os efeitos adversos dos antipsicóticos é abordado neste livro no Capítulo 5.

Referências

American Psychiatric Association. (2014). *Manual Diagnóstico e Estatístico de Transtornos Mentais: DSM-5* (5a ed.). Porto Alegre: Artmed.

Cipriani, A., Furukawa, T. A., Salanti, G., Chaimani, A., Atkinson, L. Z., Ogawa, Y., . . . Geddes, J. R. (2018). Comparative efficacy and acceptability of 21 antidepressant drugs for the acute treatment of adults with major depressive disorder: a systematic review and network meta-analysis. *The Lancet, 391*(10128), 1357-1366.

Fox, H. H., & Gibas, J. T. (1953). Synthetic tuberculostats. VII monoalkyl derivatives of isonicotinylhydrazine. *Journal of Organic Chemistry, 18*:994-1002.

Kirsch, I., Deacon, B. J., Huedo-Medina, T. B., Scoboria, A., Moore, T. J., & Johnson, B. T. (2008). Initial severity and antidepressant benefits: a meta-analysis of data submitted to the Food and Drug Administration. *PLoS Med, 5*(2):e45.

Loomer, H. P., Saunders, J. C., & Kline, N. S. (1957). A clinical and pharmacodynamic evaluation of iproniazid as a psychic energizer. *Psychiatr Res Rep Am Psychiatr Assoc.* 8:129-41.

Page, M. E. (2003). The promises and pitfalls of reboxetine. *CNS Drug Reviews*, 9(4), 327-342.

Reardon, S. (2017). Party drug's power to fight depression puzzles scientists. *Nature*, 545(7652), 17.

Rush, A. J., Trivedi, M. H., Wisniewski, S. R., Nierenberg, A. A., Stewart, J. W., Warden, D., . . . Fava, M. (2006). Acute and longer-term outcomes in depressed outpatients requiring one or several treatment steps: a STAR*D report. *American Journal of Psychiatry*, 163(11), 1905-1917.

Schildkraut, J. J. (1965). The catecholamine hypothesis of affective disorders: a review of supporting evidence. *American Journal of Psychiatry*, 122(5), 509-522.

Zarate Jr., C. A., Singh, J. B., Carlson, P. J., Brutsche, N. E., Ameli, R., Luckenbaugh, D. A., Charney, D. S., & Manji, H. K. (2006). A randomized trial of an N-methyl-D-aspartate antagonist in treatment-resistant major depression. *Archives of General Psychiatry*, 63(8), 856-864.

5. Antipsicóticos

Ana Paula Herrmann

A psicose, que pode ser definida como perda do contato com a realidade, é a característica essencial que define os transtornos psicóticos, segundo o *Manual Diagnóstico e Estatístico de Transtornos Mentais* (DSM-5). Entre esses transtornos está a esquizofrenia, uma condição grave, crônica e altamente incapacitante, caracterizada por sintomas positivos (delírios, alucinações, comportamento desorganizado), negativos (isolamento social, embotamento afetivo, anedonia) e cognitivos (déficits de memória e prejuízo da função executiva). A prevalência é estimada em 1% da população mundial, e os primeiros sintomas de psicose, em geral, aparecem no final da adolescência ou no início da vida adulta.

Até o início dos anos 1950, as pessoas com transtornos psicóticos eram manejadas principalmente com métodos não farmacológicos: internação e isolamento em manicômios e hospitais psiquiátricos, contenção em casos de agitação, eletroconvulsoterapia e até procedimentos cirúrgicos, como a lobotomia e a leucotomia pré-frontal (psicocirurgias controversas e criticadas, felizmente abandonadas). A era da psicofarmacologia moderna foi inaugurada em 1952, com a descoberta serendíptica dos efeitos antipsicóticos da clorpromazina, o primeiro psicofármaco que os psiquiatras acreditaram tratar o transtorno mental, em vez de apenas mascará-lo. A clorpromazina foi inicialmente descrita como indutora de "calma emocional" com relativamente pouca sedação: sob seu efeito, o sujeito fica em um estado de indiferença ao ambiente e aos estímulos externos, mas sem perda da consciência. Por essa razão, no começo, os antipsicóticos foram chamados de neurolépticos, palavra de origem grega que significa "segurar", "controlar os nervos". "Tranquilizantes maiores" foi outra expressão utilizada no passado para se referir a essa classe de fármacos, diferenciando os antipsicóticos de outros tranquilizantes, como barbitúricos e benzodiazepínicos. Nas décadas seguintes, diversos outros antipsicóticos similares à clorpromazina foram introduzidos na clínica (por exemplo, haloperidol, flufenazina, trifluoperazina, zuclopentixol) até a chegada, em 1990, da clozapina, o primeiro antipsicótico atípico ou de segunda geração.

Poucos anos após a introdução da clorpromazina, efeitos extrapiramidais agudos passaram a ser reconhecidos como efeitos adversos associados ao uso de antipsicóticos. Extrapiramidal se refere a uma parte do sistema motor responsável por controle e modulação dos movimentos. Efeitos extrapiramidais, portanto, são alterações motoras que incluem parkinsonismo (tremores, lentidão dos movimentos e rigidez muscular), distonias (contrações musculares involuntárias) e acatisia (agitação psicomotora, inquietação, incapacidade de se sentar e de ficar parado). A manifestação da acatisia pode eventualmente ser confundida com sintomas de uma crise psicótica. Nesse caso, o profissional de saúde pode erroneamente concluir que o antipsicótico não está fazendo efeito e decidir pelo aumento da dose, conduta que pode até agravar o quadro. Por esse e outros motivos, é importante conhecer bem o perfil de efeitos adversos dos psicofármacos.

A discinesia tardia foi reconhecida como um efeito extrapiramidal desenvolvido após anos de uso crônico de antipsicóticos. Essa condição, por vezes irreversível, é caracterizada por movimentos involuntários e repetitivos, que podem incluir protusão da língua, movimentos rápidos das extremidades e movimentos de contorção de face, tronco e membros. É altamente incapacitante e pode, inclusive, causar dificuldades de locomoção. Para prevenir a discinesia tardia (e outros efeitos adversos), deve-se usar a dose eficaz mais baixa de antipsicótico pelo menor tempo possível. Entretanto, a limitação de tempo de uso se opõe à necessidade de uso crônico para prevenir a recorrência de surtos em pacientes com transtornos psicóticos. O uso de antipsicóticos deve ser suspenso ao se diagnosticar discinesia tardia. Uma alternativa de prevenção e manejo é usar antipsicóticos atípicos, que apresentam menor propensão a induzir efeitos extrapiramidais, como veremos adiante. Recentemente, foi aprovada a valbenazina, o primeiro fármaco indicado para tratamento da discinesia tardia – ainda não comercializado no Brasil.

Outro efeito adverso que foi observado após a introdução dos primeiros antipsicóticos no mercado foi a hiperprolactinemia: níveis aumentados do hormônio prolactina no sangue. Em mulheres, esse aumento resulta em produção espontânea de leite (galactorreia), infertilidade e alterações do ciclo menstrual; em homens pode desencadear disfunção sexual, infertilidade e ginecomastia (crescimento das mamas). Assim como no caso dos efeitos extrapiramidais, a incidência de hiperprolactinemia é menor com antipsicóticos atípicos.

Somente décadas após a descoberta da clorpromazina, o mecanismo de ação dos antipsicóticos foi esclarecido: são todos antagonistas do receptor de dopamina do tipo D_2. Também foi demonstrado que a potência clínica de determinado antipsicótico é diretamente relacionada com sua afinidade pelo receptor D_2, ou seja, quanto maior a "força de ligação" com o receptor D_2, menor a dose necessária para produzir efeito antipsicótico. Atualmente, sabe-se que é necessário o bloqueio de 70% dos receptores D_2 em uma região do cérebro conhecida como estriado para eficácia do antipsicótico. Por outro lado, a ocupação de mais de 80% dos receptores acarreta efeitos extrapiramidais. Existe, portanto, uma estreita janela entre a dose eficaz e a dose que afeta o sistema motor. A clozapina é especial nessa relação: é eficaz com bloqueio de 60% (ou menos) dos receptores D_2. Isso explica, em parte, o baixo risco de efeitos extrapiramidais com esse antipsicótico (que é especial também em outros aspectos, como veremos adiante).

A descoberta do mecanismo de ação dos antipsicóticos, aliada à observação de que quadros psicóticos podem ser induzidos com o uso de agonistas dopaminérgicos, como a anfetamina e a levodopa, levou ao postulado de que a esquizofrenia é causada por hiperatividade dopaminérgica. Esse raciocínio circular, entretanto, tem algumas limitações: nem todos os pacientes respondem ao tratamento e o tratamento não é eficaz no controle de todos os sintomas da esquizofrenia (para os sintomas negativos e cognitivos, não há tratamento farmacológico eficaz).

Para entender melhor essas limitações e os efeitos adversos induzidos pelos antipsicóticos, é preciso conhecer as principais vias dopaminérgicas do sistema nervoso central, que são quatro (ver Figuras 5.1 e 5.2):

- via mesolímbica: origina-se na área tegmental ventral e envia projeções para regiões límbicas do estriado (estriado associativo);
- via mesocortical: também tem origem na área tegmental ventral, mas projeta para regiões corticais, especialmente o córtex pré-frontal;
- via nigroestriatal: vai da substância nigra até o estriado motor e está relacionada ao controle de movimentos (são os neurônios da substância nigra que degeneram na doença de Parkinson);
- via tuberoinfundibular: está no hipotálamo e inibe a secreção de prolactina.

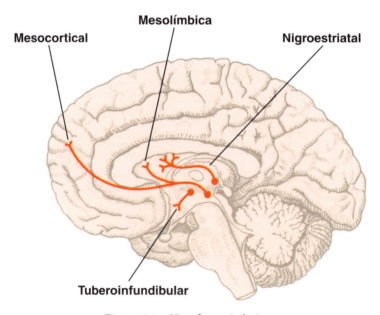

Figura 5.1 – Vias dopaminérgicas.

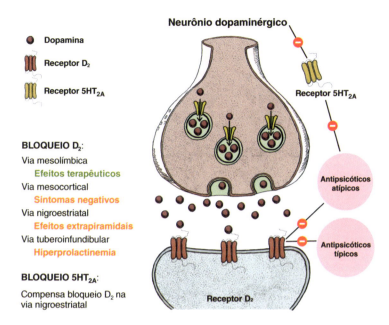

Figura 5.2 – Mecanismo de ação dos antipsicóticos típicos e atípicos.

Apesar de os circuitos, na realidade, serem mais complexos que isso, sabe-se que sintomas psicóticos estão relacionados com hiperatividade na via mesolímbica. Por outro lado, a hipoatividade da via mesocortical pode explicar os sintomas negativos e cognitivos da esquizofrenia. Isso explica a limitação da eficácia dos antipsicóticos: se bloqueiam a transmissão dopaminérgica, podem compensar a ativação excessiva da via mesocortical e controlar sintomas de psicose; porém, como o bloqueio farmacológico não é localizado e também atinge a via mesocortical, não só não melhora como pode inclusive piorar os sintomas negativos e cognitivos. Já na via nigroestriatal, o bloqueio explica os sintomas motores e o quadro de parkinsonismo farmacológico. Por fim, o bloqueio de receptores D_2 na via tuberoinfundibular explica o aumento dos níveis de prolactina.

Durante muitos anos, acreditou-se que a indução de efeitos extrapiramidais fosse condição necessária para uma substância ter atividade psicótica. Mas atualmente se sabe que os efeitos antipsicóticos e os efeitos extrapiramidais são consequência do bloqueio de receptores D_2 em áreas diferentes do sistema nervoso central. A descoberta da clozapina demonstrou, na prática, a dissociação desses efeitos, já que o risco de alterações motoras com esse e outros antipsicóticos atípicos descobertos na sequência (por exemplo, lurasidona, olanzapina, risperidona, quetiapina, ziprasidona) é realmente reduzido em comparação com antipsicóticos mais antigos. A menor incidência de efeitos extrapiramidais com o uso de antipsicóticos atípicos é atribuída ao bloqueio concomitante do receptor de serotonina 5-HT$_{2A}$. Como a serotonina exerce um controle inibitório na liberação de dopamina, o bloqueio do receptor 5-HT$_{2A}$ facilita a liberação de dopamina, o que acaba compensando o bloqueio dopaminérgico na via nigroestriatal e reduzindo as consequências motoras desses antipsicóticos. O mesmo acontece na via mesocortical, e essa compensação pode explicar o perfil mais favorável dos antipsicóticos atípicos em relação aos sintomas negativos e cognitivos da esquizofrenia. O aripiprazol é um antipsicótico atípico mais recente que atua como agonista parcial de receptores D$_2$. Considerando que há um excesso de dopamina na via mesolímbica, o efeito resultante é similar ao obtido com os antagonistas: redução da ativação dopaminérgica (porque parte dos receptores está ligada ao antipsicótico em vez da dopamina) e controle dos sintomas positivos. É importante ressaltar, entretanto, que os sintomas negativos e cognitivos não são satisfatoriamente tratados com nenhum antipsicótico disponível atualmente.

Em relação aos sintomas positivos, a eficácia é limitada, já que 30% dos pacientes não respondem ao tratamento com antipsicóticos. A clozapina parece ser um fármaco especial, já que é eficaz mesmo em pacientes refratários. Entretanto, um efeito adverso muito grave e potencialmente fatal limita o uso da clozapina. Atualmente, o uso da clozapina é indicado somente após duas tentativas com outros antipsicóticos devido ao risco de agranulocitose, que é a redução acentuada de leucócitos no sangue. Com a redução dessas células de defesa, o paciente fica suscetível a infecções. Apesar de ser um evento raro, a agranulocitose pode ser fatal, e pacientes que utilizam clozapina devem ser monitorados frequentemente.

Embora os antipsicóticos atípicos, como a clozapina, sejam vantajosos em relação à indução de efeitos extrapiramidais e hiperprolactinemia, eles podem apresentar efeitos metabólicos que impactam igualmente na adesão do paciente ao tratamento. Tais efeitos incluem aumento do apetite, ganho de peso, hiperglicemia, aumento de triglicerídeos e hipertensão. Esse conjunto de alterações metabólicas predispõe o paciente ao desenvolvimento de diabetes e aumenta o risco de eventos cardiovasculares, como infarto do miocárdio e acidente vascular cerebral. A clozapina e a olanzapina estão entre os antipsicóticos atípicos com maior propensão a ganho de peso e demais alterações metabólicas.

O custo dos antipsicóticos atípicos é consideravelmente maior em comparação com os típicos, mas com exceção da clozapina não há diferenças significativas de eficácia entre os vários fármacos. Além da questão do custo, a escolha do antipsicótico em geral é feita com base no perfil de efeitos adversos – não é, portanto, muito diferente do caso dos antidepressivos, como visto no Capítulo 4. A adesão ao tratamento geralmente é muito baixa, em grande parte devido aos efeitos adversos e à eficácia limitada. Existem hoje formulações de depósito de alguns antipsicóticos, que são administradas por injeção intramuscular e liberam o fármaco lentamente durante duas a quatro semanas. Dessa forma, o risco de recaídas e hospitalizações devido à falta de adesão ou à adesão parcial ao tratamento por via oral é reduzido. As formulações de depósito, entretanto, apresentam menor flexibilidade para ajustes de dose. A via intramuscular, apesar de ser mais conveniente em relação à frequência das administrações (uma ou duas vezes por mês), é mais invasiva, e as injeções podem causar reações no local da aplicação, como dor, edema e formação de granuloma.

Os antipsicóticos estão associados a outra condição grave e potencialmente fatal: a síndrome neuroléptica maligna. É um quadro neurológico raro, mas imprevisível, caracterizado por estado mental alterado, rigidez muscular, hipertermia, taquicardia e pressão arterial instável. O tratamento dessa emergência médica inclui suspensão do antipsicótico e suporte em unidade de terapia intensiva.

Além de serem usados no tratamento de transtornos psicóticos, alguns antipsicóticos atípicos são usados *off-label* para outras indicações terapêuticas ou foram posteriormente aprovados para outras condições que constam na bula. A risperidona e o aripiprazol, por exemplo, podem ser usados para controlar sintomas de irritabilidade e agressividade em crianças e adolescentes com transtorno do espectro autista. Vários antipsicóticos são indicados para controle da mania em pessoas com transtorno bipolar e como estratégia de potencialização de antidepressivos no caso de depressão unipolar. A pimavanserina é um antipsicótico aprovado em 2014 nos Estados Unidos para tratar a psicose na doença de Parkinson, pois atua como agonista inverso de receptores 5-HT$_{2A}$, sem bloquear receptores D$_2$.

Além disso, na ausência de tratamento específico, antipsicóticos são, por vezes, usados no manejo de transtornos do controle de impulso e da conduta (por exemplo, transtorno explosivo intermitente) e transtornos da personalidade (por exemplo, transtorno da personalidade *borderline*). Embora o uso rotineiro não seja recomendado, antipsicóticos atípicos também têm sido utilizados no manejo de sintomas psicóticos e agitação em pacientes com demência. Esses medicamentos estão associados ao aumento da mortalidade e não são aprovados para o tratamento de distúrbios comportamentais em pacientes com demência. No entanto, o uso pode ser justificado quando estratégias não farmacológicas falharam em pacientes com sintomas psicóticos graves e debilitantes que colocam em risco a segurança de pacientes e cuidadores.

Referências

American Psychiatric Association. (2014). *Manual Diagnóstico e Estatístico de Transtornos Mentais: DSM-5* (5a ed.). Porto Alegre: Artmed.

Kahn, R.S., Sommer, I. E., Murray, R. M., Meyer-Lindenberg, A., Weinberger, D. R., Cannon, T. D., O'Donovab, M., . . . , & Insel, T. R. (2015). Schizophrenia. *Nat Rev Dis Primers, 12*:1:15067. doi: 10.1038/nrdp.2015.67.

Howes, O. D., Kambeitz, J., Kim, E., Stahl, D. Slifstein, M., Abi-Dargham, A., & Kapur, S. (2012). The nature of dopamine dysfunction in schizophrenia and what this means for treatment. *Arch Gen Psychiatry, 69*(8):776-86. doi: 10.1001/archgenpsychiatry.2012.169.

Morrison, P. D., & Murray, R. M. (2018) The antipsychotic landscape: dopamine and beyond. Ther Adv *Psychopharmacol*. 2018 Apr, *8*(4):127-135. doi: 10.1177/2045125317752915.

Stahl, S. M. (2014). Psicofarmacologia: bases neurocientíficas e aplicações práticas. Rio de Janeiro: Guanabara Koogan.

6. Drogas de abuso

Viviane de Moura Linck

O que é abuso de drogas e o que são drogas de abuso?

O abuso de drogas pode ser definido como o uso nocivo de uma substância psicoativa pela forma de uso, quantidade ou efeitos causados pela droga. Entende-se que o abuso de droga ocorre por decisão do indivíduo, não sendo dependente de prescrição médica. Ainda que algumas vezes uma droga prescrita originalmente para tratamento de uma patologia passe a ser utilizada de forma abusiva pelo paciente, o abuso em si não fazia parte da indicação médica. Não se trata apenas do uso de drogas ilícitas, como geralmente se pensa (por exemplo, cocaína, LSD e *ecstasy*), mas também do uso de medicamentos, como benzodiazepínicos e analgésicos, e substâncias lícitas, como álcool e tabaco. O abuso refere-se ao uso abusivo e não às leis que regem o país. Os critérios para que uma droga seja lícita ou ilícita dependem da sociedade e da época em que se vive. A cocaína já foi uma droga lícita na sociedade europeia do início do século XX, enquanto o álcool segue sendo uma substância ilícita em muitos países de religião muçulmana.

O que faz uma substância ser passível de abuso, ou seja, passível de uma utilização que cause danos ao usuário? Geralmente, as substâncias passíveis de abuso são aquelas que causam ativação de uma via neuronal chamada sistema de recompensa. Muitas vezes, essa ativação não ocorre pela ação primária da droga, como vemos ao longo deste capítulo, mas por modulações diretas e indiretas de sistemas de neurotransmissores que acabam levando à ativação do sistema límbico. Por isso, as drogas de abuso podem possuir mecanismos de ação tão diferentes e até mesmo efeitos agudos antagônicos, como é o caso de estimulantes e sedativos, mas, ainda assim, no final, ativam as mesmas vias neuronais responsáveis pela recompensa.

O uso recreacional de substâncias psicoativas é tão antigo quanto a própria humanidade. Muito se discute ainda quando o uso recreacional de algumas substâncias passa a ser patológico e quais seriam os critérios para o diagnóstico dessa patologia. O *Manual Diagnóstico e Estatístico de Transtornos Mentais* (DSM-5), de 2014, passou a utilizar o termo transtornos do uso de substâncias para o que anteriormente era denominado dependência de substância. Passou também a utilizar o padrão patológico do comportamento relacionado ao uso da substância, sendo o abuso a primeira fase desse transtorno e a dependência, a fase mais avançada, gerada após o abuso crônico da substância.

Neste capítulo, apresentaremos a farmacologia associada ao abuso e às drogas de abuso, ficando diagnóstico e patologia para os livros de clínica psiquiátrica.

Bases fisiológicas da dependência

O sistema límbico é composto por vias neuronais cerebrais responsáveis por nossas emoções. Ao longo da evolução dos mamíferos, uma dessas vias neuronais dentro do sistema límbico tornou-se importante para a manutenção das espécies: o sistema de recompensa. Alguns comportamentos ou situações levam à ativação do sistema de recompensa, caracterizada pela liberação do neurotransmissor dopamina (DA) nessa via. Por exemplo, o sistema de recompensa é ativado quando nos alimentamos e fazemos sexo, comportamentos essenciais para a manutenção da espécie. Quando se começou a estudar o porquê da dependência e do abuso de drogas, descobriu-se que todas as drogas passíveis de abuso ativam o sistema de recompensa.

A razão pela qual um indivíduo segue utilizando a droga e se torna dependente envolve muito mais que somente o sistema de recompensa. Por que algumas pessoas se tornam dependentes e outras não? Ainda não há uma explicação única e definitiva para essa pergunta. Sabe-se que fatores genéticos desempenham um papel importante e, inclusive, podem estar envolvidos em alterações no sistema de recompensa que torna o indivíduo mais propenso a uso e abuso. Meio social, preexistência de doenças psiquiátricas, traumas e situações de estresse crônico e agudo também podem aumentar a probabilidade do indivíduo se tornar dependente. Além disso, a droga utilizada pode ter maior ou menor probabilidade de causar dependência; por exemplo, a nicotina apresenta uma altíssima probabilidade de causar dependência, enquanto o LSD apresenta pouca ou nenhuma probabilidade.

É preciso pensar que existe uma diferença neuroquímica entre o efeito agudo da droga e seu efeito em longo prazo no cérebro, que ocorre após a utilização repetida. A Figura 6.1 mostra os efeitos agudos, o uso prolongado e os efeitos da retirada da droga.

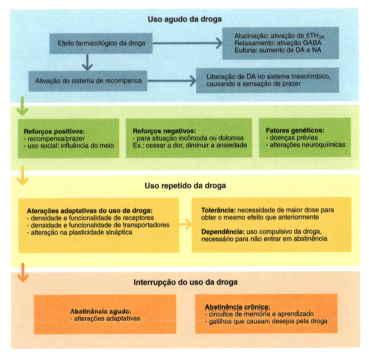

Figura 6.1 – Alterações neuronais pelo uso agudo e repetido e pela retirada da droga.

Legenda: $5TH_{2A}$ – receptores de serotonina tipo 2A; GABA – ácido gama-aminobutírico; DA – dopamina; NA – noradrenalina.

Na Figura 6.1, vê-se que no uso agudo da droga ocorre o efeito farmacológico direto dela, por exemplo, ativação de receptor 5HT$_{2A}$, ativação da transmissão GABAérgica, aumento da transmissão de dopamina (DA) e noradrenalina (NA). No caso de drogas de abuso também ocorre (por ação direta ou indireta da droga) a liberação de DA no sistema de recompensa. Após o uso agudo da droga, reforços positivos e/ou negativos, além de fatores genéticos, influenciam o padrão de uso da droga, se eventual, repetido ou abusivo. Deve-se notar que reforços negativos não diminuem o uso da droga; denominam-se reforço negativo situações negativas (como dor) que levam ao uso da droga visando à sua cessação.

Com o uso repetido da droga, ocorrem alterações adaptativas nos sistemas neuronais, como alterações na densidade e funcionalidade de receptores e transportadores, alterações na síntese de neurotransmissores e nas conexões neuronais (plasticidade sináptica). Essas alterações decorrentes do uso contínuo da droga causam tolerância e dependência. Tolerância é a necessidade de utilizar uma dose maior da droga para obter os mesmos efeitos obtidos anteriormente e é causada, principalmente, pela diminuição da densidade ou funcionalidade dos alvos primários da droga (receptores, transportadores etc.). A dependência é o uso compulsivo da droga, que é necessária para evitar o estado de abstinência (retirada da droga). Quando a droga é descontinuada, as alterações adaptativas levam à abstinência, que ocorre agudamente com sintomas passageiros, geralmente opostos ao efeito primário da droga (como dor para analgésicos). No entanto, devido às alterações plásticas de longa duração que envolvem mecanismos de memória e aprendizado, mesmo após anos da retirada da droga, o ex-usuário ainda pode apresentar desejo por seu uso em determinadas situações de gatilho que afetam a transmissão no sistema de recompensa.

As drogas de abuso são classicamente divididas por seu efeito principal. O Quadro 6.1 mostra as drogas classificadas por seu efeito principal e a probabilidade de causarem dependência.

Quadro 6.1 – Principais drogas de abuso por classificação segundo seu efeito primário e sua probabilidade de causar dependência

Tipo	Droga	Probabilidade de causar dependência
Estimulante	Anfetamina (*speed*)	Alta
	Metanfetamina (cristal)	Alta
	Ecstasy (MDMA)	Baixa
	Cocaína	Muito alta
	Nicotina	Muito alta
Depressores	Álcool	Alta
	Barbitúricos	Alta
	Benzodiazepínicos	Moderada
	Solventes	Alta
Analgésicos opioides	Morfina	Muito alta
	Heroína	Muito alta
	Oxicodona (oxi)	Muito alta
	Hidrocodona	Muito alta
Perturbadores/ Alucinógenos	*Cannabis* (maconha)	Baixa
	Dietilamida do ácido lisérgico (LSD)	Baixa ou nula
	Mescalina	Baixa ou nula
	Ayahuasca	Baixa ou nula
	Dimetiltriptamina (DMT)	Baixa ou nula

Fonte: Rang et al., 2016.

A seguir, serão abordadas as principais drogas de abuso. Embora a cafeína possua efeitos no sistema nervoso central (SNC) e seja tradicionalmente utilizada como estimulante fraco, não será citada, visto que o DSM-5 não a considera uma droga passível de abuso.

Estimulantes

As drogas classificadas como estimulantes agem, principalmente, potencializando a transmissão dopaminérgica e noradrenérgica do SNC. Causam em sua maioria euforia, diminuição da fadiga e do sono e aumento da atividade motora. Por ativarem o sistema noradrenérgico, essas drogas acabam afetando o sistema simpático periférico, causando efeitos adversos importantes sobre o sistema cardiovascular, como aumento da pressão arterial, taquicardias e aumento do risco de infarto agudo do miocárdio. A Figura 6.2 mostra os principais mecanismos de ação dos estimulantes.

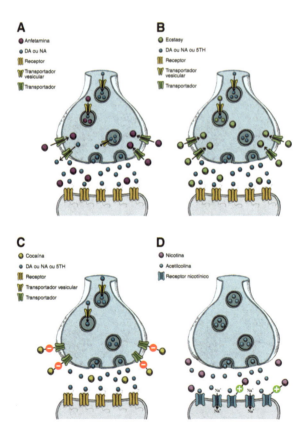

Figura 6.2 – Mecanismo simplificado de ação dos principais estimulantes. Baseada em Stahl (2014).

Legenda: A – anfetaminas; B – ecstasy; C – cocaína; D – nicotina.

Anfetaminas

As anfetaminas são drogas sintéticas estimulantes do SNC. Englobam várias substâncias pela similaridade estrutural, como anfetamina (*speed*), dextroanfetamina (*dexies*) e metanfetamina (cristal, a droga mostrada no seriado *Breaking Bad*). Quimicamente, o *ecstasy* (metilenodioximetanfetamina) e o metilfenidato (ritalina) também são classificados como anfetaminas, mas os efeitos comportamentais são um pouco diferentes das anfetaminas clássicas. Este tópico trata apenas das anfetaminas clássicas.

Essas substâncias agem potencializando as transmissões dopaminérgica e noradrenérgica. Geralmente, quando ocorre a liberação de dopamina (DA) ou noradrenalina (NA) na fenda sináptica, esses neurotransmissores são transportados de volta para o neurônio que os liberou (recaptação), encerrando a estimulação causada por eles. As anfetaminas "enganam" os transportadores de DA e NA porque, em vez de transportar os neurotransmissores para dentro do neurônio pré-sináptico e finalizar a estimulação, os transportadores acabam carregando a anfetamina. Dessa forma, os neurotransmissores DA e NA ficam mais tempo na fenda sináptica estimulando o neurônio pós-sináptico. Além de enganar os transportadores que estão na membrana do neurônio, as anfetaminas também enganam os transportadores que colocam DA e NA para dentro das vesículas sinápticas. Isso faz com que DA e NA fiquem "soltas" dentro do neurônio pré-sináptico. O aumento da concentração de DA e NA livre dentro do neurônio faz com que sejam liberadas na fenda sináptica, mesmo sem ocorrer estímulo (potencial de ação) para sua liberação.

Ao enganar os transportadores, as anfetaminas potencializam as transmissões dopaminérgicas e noradrenérgicas. O que resulta disso? O aumento das transmissões dopaminérgicas e noradrenérgicas, que causa estimulação locomotora, euforia, excitação, insônia, aumento da resistência e diminuição do apetite. Por esses efeitos, as anfetaminas já foram utilizadas clinicamente como medicamento para emagrecer e como estimulante, principalmente durante a Segunda Guerra Mundial (1939-1945), para reduzir o cansaço dos soldados. O uso prolongado de anfetamina pode causar sintomas psicóticos, ansiedade, depressão e comprometimento cognitivo. As anfetaminas também afetam as transmissões adrenérgicas fora do SNC, causando aumento de pressão arterial, taquicardia e sudorese e inibindo a motilidade gastrointestinal.

Se utilizadas em altas doses e repetidamente, as anfetaminas podem causar um estado tipo psicótico similar à esquizofrenia. Foi essa observação que contribuiu para a teoria dopaminérgica da esquizofrenia (ver Capítulo 5). Usuários de anfetamina desenvolvem tolerância rapidamente, principalmente para a euforia e para os efeitos anorexígenos, sendo suscetível ao consumo exagerado, o que aumenta a chance de overdose.

Ecstasy (MDMA)

O *ecstasy* (3,4-metilenodioximetanfetamina) é uma droga sintética, também conhecida como MDMA por causa do seu nome químico. É muito utilizado em festas de música eletrônica em razão de seus efeitos estimulantes de longa duração.

O *ecstasy* pertence à classe das anfetaminas, no entanto, apresenta mecanismo de ação e efeitos biológicos levemente diferente das companheiras químicas. Assim como as anfetaminas, o *ecstasy* afeta o transporte de DA e NA, potencializando o efeito desses neurotransmissores. A diferença é que o *ecstasy* também afeta o transporte de serotonina (5-HT) e, por essa razão, além dos efeitos estimulantes, apresenta um leve efeito alucinógeno, sendo popularmente chamado de "droga do amor", devido ao envolvimento da 5-HT com a sensação de bem-estar e felicidade. Os efeitos comumente causados pelo seu uso são euforia, perda da inibição e aumento da resistência física (por isso as pessoas dançam tanto nas festas eletrônicas); alguns usuários se referem a uma sensação de onda de energia com alterações de percepção sensorial.

Como as anfetaminas, o *ecstasy* afeta o sistema cardiovascular e pode causar falência cardíaca por hiperestimulação em pessoas com predisposição genética. Além do efeito cardiovascular, pode levar à morte súbita por outros dois efeitos: hipertermia e aumento excessivo do consumo de água. O mecanismo pelo qual ele aumenta a temperatura corporal é complexo e não está completamente elucidado, mas essa hipertermia pode ser grave e causar lesão na musculatura esquelética e insuficiência renal. O consumo excessivo de água, possivelmente causado pela hipertermia, somado à retenção de líquidos, causada pela inibição de secreção do hormônio antidiurético e pela insuficiência renal, pode levar ao óbito.

Cocaína

A cocaína é um alcaloide extraído das folhas da coca, um arbusto de pequeno porte. As principais espécies das quais a cocaína é extraída são *Erythroxylum coca* (nativa de Peru, Bolívia e Amazônia brasileira) e *Erythroxylum novogranatense* (nativa da Colômbia).

Isolada pela primeira vez em 1860, a cocaína foi muito utilizada na clínica médica durante a segunda metade do século XIX na Europa. Seu uso era tão popular que, até 1904, a fórmula da Coca-Cola e de outras bebidas continha cocaína. Sigmund Freud explorou com outros colegas o uso da cocaína como psicoestimulante em condições psiquiátricas, mas os resultados não foram convincentes. Além disso, Freud, Karl Koller e outros pesquisadores da Universidade de Viena, na Áustria, estudaram os efeitos anestésicos da cocaína, iniciando sua utilização como anestésico local. Sigmund Freud difundiu seu uso como psicoestimulante e Karl Koller seu efeito anestésico local. Em razão de seus efeitos deletérios e tóxicos, a cocaína passou a ser proibida no início do século XX em boa parte do mundo. E, por conta dos efeitos anestésicos, a cocaína foi o protótipo dos anestésicos locais que existem atualmente. A utilização de pequenas quantidades de cocaína como anestésico local ainda é permitida em algumas cirurgias oftalmológicas e de cabeça e pescoço.

Por ser facilmente absorvida pelas mucosas, a cocaína é utilizada por via nasal, o que faz com que chegue rapidamente ao SNC. A rapidez com que entra no cérebro contribui para seus fortes efeitos no sistema de recompensa, pois se sabe que, quanto mais rápido uma alta concentração da droga atinge o SNC, maior é sua associação com recompensa e saliência.

A cocaína possui efeito similar ao das anfetaminas, mas seu mecanismo de ação é levemente diferente. Em vez de ser transportada no lugar dos neurotransmissores como as anfetaminas, a cocaína inibe os transportadores responsáveis pela recaptação de DA, NA e 5-HT, potencializando as transmissões desses neurotransmissores. Por possuir maior afinidade pelo transportador de DA (DAT), seus efeitos são mais pronunciados no sistema dopaminérgico. Os principais efeitos causados pela cocaína são euforia, loquacidade, aumento da atividade motora, sensação de prazer e sensação de aumento de energia física e mental. Ao contrário das anfetaminas, a cocaína tem pouca tendência em causar alucinações, delírios e paranoia.

O *crack* é a cocaína na forma de base livre; por não ser solúvel em água, a forma básica da cocaína precipita, formando cristais e pequenas pedras. As pedras de *crack* são fumadas e possuem uma ação mais rápida e mais curta que a cocaína.

Nicotina

O uso da folha de tabaco, fumada ou mastigada, já ocorria nas Américas e na Oceania antes da chegada dos colonizadores europeus. A substância psicoativa encontrada nas folhas do tabaco é a nicotina, que se liga aos receptores colinérgicos nicotínicos, mimetizando os efeitos da acetilcolina (agonista). Esses receptores levam o nome de nicotínicos por terem sido identificados pela primeira vez, em 1905, utilizando nicotina como ligante. No SNC, a ativação desses receptores causa aumento de atenção e do estado de alerta, diminuição da ansiedade e sensação prazerosa. No sistema nervoso periférico, os receptores nicotínicos estão envolvidos no controle da liberação de acetilcolina e noradrenalina. Por essa razão, o uso da nicotina aumenta a liberação de noradrenalina no sistema cardiovascular, causando taquicardia, aumento da pressão arterial e redução na motilidade gastrointestinal.

A nicotina aumenta a liberação de DA no sistema de recompensa por meio de modulação indireta. A liberação de DA na via dopaminérgica do sistema mesolímbico é modulada por diferentes tipos de neurônios, como neurônios acetilcolinérgicos, que ativam receptores nicotínicos e aumentam a liberação de DA. Esse é um dos motivos pelos quais a nicotina apresenta altíssima probabilidade de causar dependência. Evidências indicam que uma única dose de nicotina é capaz de causar alterações no sistema de recompensa que persiste por até um mês.

A nicotina é a droga em que o usuário possui a maior probabilidade de recidiva, mesmo após anos sem fumar. Isso ocorre tanto pelas características farmacológicas da droga como pelo uso social do cigarro. A síndrome de abstinência à nicotina envolve, principalmente, a fissura (vontade incontrolável de utilizar a droga). São comuns sintomas como aumento da ansiedade, insônia, aumento da irritabilidade e da agressividade, constipação intestinal e alteração na ingestão de alimentos.

Existem algumas opções farmacológicas de tratamento para a dependência de nicotina. A opção mais popular é a terapia de substituição, em que a nicotina é oferecida em outras preparações que não o cigarro, como gomas de mascar e adesivos. A ideia é desvincular o hábito de fumar dos efeitos da nicotina. Além disso, as concentrações estáveis e mais baixas de nicotina oferecidas pelos adesivos minimizam os sintomas de abstinência e restabelecem a transmissão colinérgica.

Outro fármaco muito utilizado no tratamento da dependência de nicotina é a bupropiona, um antidepressivo, inibidor da recaptação de dopamina e noradrenalina (ver Capítulo 4). Ao inibir a recaptação de dopamina no sistema de recompensa, a bupropiona aumenta a quantidade de dopamina nessa via e diminui a fissura causada pela baixa repentina de DA gerada pela retirada de nicotina. Com a promessa de minimizar a fissura causada pela baixa de DA e, ao mesmo tempo, prevenir a abstinência pela falta da nicotina, a vareniclina (Champix®) foi introduzida no mercado em 2006. Ela é um agonista parcial de receptores nicotínicos; na presença de nicotina (agonista completo), comporta-se como antagonista já que diminui o número de receptores disponíveis para nicotina, atenuando seus efeitos. Já na ausência da nicotina, a vareniclina age como agonista fraco de receptores nicotínicos, prevenindo a abstinência e a fissura.

Mesmo com o uso de terapias medicamentosas e não medicamentosas, como psicoterapia, atividade física e grupos de apoio, a maioria dos fumantes que tentam largar o cigarro não obtém sucesso em longo prazo, sendo comum terem várias recaídas ao longo da vida.

Depressores

Existem também as drogas depressoras do sistema nervoso central. Essas drogas agem potencializando o maior sistema depressor do SNC, o sistema GABAérgico. O ácido gama-aminobutírico (GABA) é um neurotransmissor que age, principalmente, por meio de receptores em canais de cloreto. Quando o GABA se liga ao receptor, o canal é aberto e o íon cloreto (Cl$^-$) entra no neurônio; por sua carga negativa, aumenta o potencial de repouso tornando mais difícil que o neurônio seja despolarizado e, assim, ativado. A Figura 6.3 mostra o mecanismo de ação simplificado do álcool.

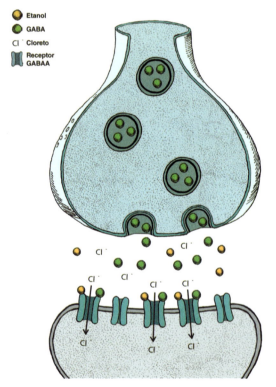

Figura 6.3 – Mecanismo simplificado de ação do etanol.

Pertencem a esta classe os medicamentos sedativos e hipnóticos, como os barbitúricos e os benzodiazepínicos, bem como os solventes, como o loló e o lança-perfume. A droga mais utilizada no mundo é um depressor: o álcool.

Álcool

O etanol é de longe a droga de abuso mais usada no mundo. A Organização Mundial da Saúde (OMS) estimou, em 2018, que no mundo ocorram 3 milhões de mortes por ano devido ao consumo prejudicial de álcool.

O principal mecanismo de ação pelo qual o álcool provoca sedação é ligando-se aos receptores GABA do tipo A, o que aumenta a afinidade desses receptores pelo neurotransmissor GABA. Dessa forma, uma maior quantidade de GABA liga-se aos receptores, aumentando a entrada de cloreto nos neurônios. Além desse mecanismo principal, o álcool ainda aumenta a liberação de GABA por agir em receptores pré-sinápticos, inibe a liberação de glutamato (principal sistema excitatório do SNC) e impede a entrada de íons cálcio (Ca^{2+}) nos neurônios (o Ca^{2+} é necessário para a liberação de neurotransmissores nas fendas sinápticas). Enfim, o etanol é um depressor e tanto.

Agora você pode estar se perguntando: como o álcool pode ser um depressor se as pessoas ficam mais eufóricas e alegres após beber uma taça de vinho ou uma latinha de cerveja? Bem, no primeiro estágio da inibição do SNC causada pelo álcool ocorre a inibição da inibição basal. Parece estranho, mas é fácil de entender. Fisiologicamente, o sistema GABAérgico faz uma leve inibição tônica que controla o SNC, como se mantivesse a excitação controlada. Em doses baixas, o álcool inibe esse controle e o sistema excitatório fica mais ativado, causando a sensação de alegria e excitação. É comum, nesse primeiro estágio, a pessoa se tornar mais falante e sentir-se mais atraente, e isso se dá pela inibição de sistemas envolvidos na timidez e pela diminuição do medo. Se a pessoa segue bebendo, a quantidade de etanol no sangue aumenta e os sintomas depressores são facilmente percebidos, como sono, prostração, perda de equilíbrio etc. Em doses mais altas, começam os feitos mais graves da intoxicação por álcool, como perda dos sentidos, alteração de fala, vômito e até coma. Altas doses de álcool podem levar a morte por parada respiratória em razão de inibição dos neurônios vegetativos.

Entretanto, os efeitos mais devastadores do abuso do álcool não estão em seus efeitos agudos de intoxicação, mas nos danos causados pelo uso de longo prazo. Fisicamente, o abuso crônico do álcool leva a lesão na mucosa gástrica, podendo causar úlceras, lesões hepáticas que podem evoluir a cirrose, alterações hormonais principalmente nos hormônios esteroides, efeitos neurotóxicos com perda de neurônios em várias regiões do cérebro, levando a comprometimento cognitivo, e alterações nutricionais importantes tanto pela diminuição de absorção de alguns nutrientes como por alimentação inadequada causada pela dependência. Os danos nas relações sociais, sobretudo familiares, são outro grande efeito tóxico do uso crônico do álcool: sabe-se que o uso de álcool aumenta o comportamento violento e está estatisticamente relacionado à violência doméstica.

A síndrome de abstinência ao álcool apresenta sintomas físicos bem definidos, como tremor, náusea, sudorese, febre e, algumas vezes, alucinações. Em alguns casos podem ocorrer convulsões tônico-clônicas. Após essa fase inicial, que dura entre 24 e 72 horas, pode surgir o quadro de *delirium tremens*, em que o paciente apresenta, além dos sintomas iniciais, confusão mental, agressividade e alucinações mais intensas. Os sintomas físicos da abstinência a etanol podem e devem ser manejados com benzodiazepínicos.

Existem algumas abordagens farmacológicas para o tratamento da dependência de etanol. Podem ser utilizadas em conjunto com as terapias não farmacológicas (psicoterapia, grupos de apoio, alcoólatras anônimos etc.). São exemplos:

- Naltrexona: é um antagonista de receptores opioides que, supostamente, bloqueia os efeitos reforçadores do uso do álcool por impedir a liberação de DA no sistema de recompensa. Assim, se o paciente tem uma recaída, não sente os efeitos reforçadores da bebida. Na prática clínica, não se mostrou tão eficaz como na teoria, porque muitas vezes o paciente para de usar a naltrexona e não o etanol. Formulações de longa duração de naltrexona podem ser uma alternativa.

- Dissulfiram: o álcool é metabolizado no fígado em duas etapas: a primeira produz um metabólito intermediário tóxico, o acetaldeído (responsável pela ressaca quando acumulado em quantidade suficiente), e a segunda degrada o acetaldeído em ácido acético que é excretado na urina. O dissulfiram age inibindo a enzima que converte o acetaldeído em ácido acético, acumulando acetaldeído no organismo. Dessa forma, quando a pessoa está sob efeito do dissulfiram e consome álcool, o acúmulo de acetaldeído causa sensações extremamente desagradáveis. A intenção do uso de dissulfiram é criar aversão ao álcool e desestimular seu uso. A prescrição deve ser acordada com o paciente, que precisa estar ciente dos riscos de sua utilização. O uso sem o conhecimento do paciente (escondido na comida, por exemplo) pode causar intoxicação por acetaldeído.

- Acamprosato: evidências clínicas sugerem que o uso de acamprosato como adjuvante a intervenções psicossociais na dependência de álcool gera melhorias modestas para manutenção da abstinência, mas que são potencialmente valiosas. Trata-se de um fármaco com estrutura química muito similar à do GABA e à do aminoácido taurina. Embora o mecanismo de ação pelo qual minimiza a dependência ao álcool ainda não esteja completamente compreendido, acredita-se que seus efeitos nos sistemas GABAérgicos e glutamatérgicos podem restaurar o equilíbrio entre os sistemas excitatório e inibitório, fortemente afetados pelo uso crônico de álcool. Seu uso não minimiza os sintomas de abstinência, mas parece contribuir para a redução de recaídas.

O álcool, assim como outras drogas, parece deixar alterações neuronais permanentes que levam a recaídas ao longo da vida do usuário. Considera-se que o dependente de álcool é dependente por toda a vida e, por isso, a monitorização frequente e de longo prazo, com terapias e grupos de apoio, se faz necessária.

Analgésicos opioides

Os analgésicos opioides são utilizados na clínica médica no tratamento de dores moderadas a intensas. As drogas dessa classe derivam da morfina, alcaloide majoritário do ópio, que é o látex obtido da cápsula das sementes da papoula (*Papaver somniferum*). Existem registros do uso de ópio desde a Pré-História em regiões em que hoje estão Afeganistão, Paquistão e norte da Índia. O cultivo da papoula teve início na Mesopotâmia e depois nas regiões do Antigo Egito e do Império Persa. Os primeiros registros de uso recreacional do ópio e de problemas envolvendo dependência estão na China e datam do final do século XV. O problema se agravou tanto que, no início do século XVIII, a China proibiu o uso de ópio.

Nosso cérebro produz seus próprios opioides, chamados opioides endógenos. São neurotransmissores peptídicos presentes em diversas regiões do SNC, envolvidos, por exemplo, na modulação da dor, nos efeitos do estresse e na sensação de prazer. Os opioides endógenos mais conhecidos são as endorfinas, liberadas durante a atividade física, que diminuem a sensação dolorosa e causam bem-estar. Também pertencem a esse grupo as encefalinas e as dinorfinas, que estão envolvidas no controle do apetite, do ritmo circadiano e da temperatura corporal e em sinalizações de estresse.

Os principais opioides passíveis de abuso são a morfina e seus derivados: diamorfina (heroína), oxicodona (oxi) e a hidrocodona. Eles agem nos mesmos receptores que os opioides endógenos e, por isso, são potentes analgésicos. Assim como as endorfinas, os opioides exógenos produzem sensação de bem-estar e prazer. As quantidades administradas dessas drogas são muito maiores que as quantidades liberadas fisiologicamente de endorfinas. Por essa razão, o prazer provocado por elas é muito mais intenso.

Entre os principais efeitos dos opioides estão: alívio da dor, prazer, rápida e profunda euforia (*rush*) seguida de sensação de tranquilidade. A síndrome de abstinência dos opioides é uma das mais fortes, com muitos sintomas físicos, como dor intensa, vômito, diarreia e tremores. O uso de um agonista com efeito de longa duração e baixa potência, como a metadona, ajuda a diminuir os sintomas da abstinência aguda.

Por causarem rápida tolerância, quantidades cada vez maiores de opioides são necessárias para obter os mesmos efeitos, por isso a overdose é frequente com essas drogas. A overdose de opioide é potencialmente fatal por resultar em parada respiratória. Para reversão de casos de overdose de opioides, utiliza-se a naloxona, um antagonista desses receptores. Uma grande dose de naloxona desloca os opioides dos receptores e acaba com seus efeitos. Ainda que o abuso de opioides não seja tão comum no Brasil, o abuso dessas substâncias é problema de saúde pública nos Estados Unidos e em alguns países da Europa.

Perturbadores

As drogas de abuso consideradas perturbadoras são aquelas que alteram a percepção da realidade. Ainda que algumas possam também ter efeitos sedativos, como a maconha, seus efeitos diferem fortemente das drogas classificadas como sedativas. Pode-se dizer poeticamente que os perturbadores afetam o estado de espírito. Fazem parte desse grupo a maconha e os alucinógenos, como o LSD, a mescalina, a psilocibina, os cogumelos alucinógenos, a salvinorina A, a dimetiltriptamina (DMT), a dipropiltriptamina (DPT), a 2,5-dimetoxi-4-metilanfetamina (DOM) e a bebida *ayahuasca*.

A Figura 6.4 mostra o mecanismo de ação dos alucinógenos.

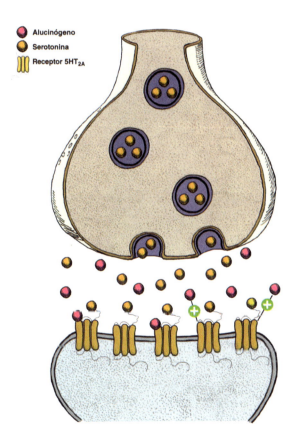

Figura 6.4 – Mecanismo simplificado de ação dos alucinógenos.

Maconha

O uso de maconha é muito antigo e aparece na história de muitas culturas e sociedades. O primeiro registro do uso de suas propriedades psicoativas data de 2700 a.C., em um livro chinês, com indicações para tratamento de desordens mentais, dores, malária e constipação. A *Cannabis sativa L.*, nome científico da maconha, embora existam outras espécies de *Cannabis* menos populares, é uma erva originária do centro-oeste asiático e amplamente cultivada pelo mundo em regiões tropicais e temperadas. Além do uso como droga, em razão de sua alta resistência, as fibras da maconha foram e são muito utilizadas na indústria têxtil e na produção de papel. A própria Declaração de Independência dos Estado Unidos foi impressa em papel fabricado com fibras de *Cannabis*.

O principal componente psicoativo da maconha é o Δ9-tetra-hidrocanabinol (THC), apesar de já terem sido descobertos mais de sessenta tipos de canabinoides no gênero *Cannabis*. Assim como no caso dos opioides, o cérebro também produz os próprios canabinoides, denominados endocanabinoides. O sistema endocanabinoide, descoberto somente em 1988, possui dois receptores: CB1, localizado no SNC, e CB2, localizado principalmente em células do sistema imune. Os ligantes endógenos desses receptores são a anandamida e o 2-araquidonoil glicerol (2-AG). Os endocanabinoides são lipídios sintetizados somente sob demanda, não sendo estocados como os neurotransmissores. Outra característica interessante dos endocanabinoides é que eles são sintetizados e liberados pelos neurônios pós-sinápticos (e não pré-sinápticos, como de costume); esse mecanismo é chamado de neurotransmissão retrógrada.

Os efeitos do THC se assemelham muito aos da anandamida, misturando efeitos psicotomiméticos com efeitos depressores. Em doses usuais, a maconha produz sensação de bem-estar, relaxamento, melhora das relações sociais, alteração da percepção da passagem do tempo (impressão de que o tempo passa mais devagar), raciocínio mais lento, comprometimento da memória de curto prazo, prejuízo da coordenação motora, hipotermia, analgesia, aumento do apetite, ação antiemética, taquicardia, vasodilatação, broncodilatação e diminuição da pressão intraocular. Em altas doses, a maconha pode causar pânico, delírio e, raramente, alucinações. Não existem registros de intoxicações fatais pela maconha, o que se explica principalmente pela ausência de receptores CB1 no tronco encefálico, razão pela qual não causa depressão grave da função respiratória ou cardiovascular (como ocorre com os opioides). Assim como os opioides, os receptores CB1 aumentam a liberação de dopamina no sistema límbico.

Um dos problemas do uso crônico da maconha é o desenvolvimento da síndrome amotivacional. Essa síndrome ocorre em usuários diários de altas quantidades de maconha e se caracteriza por falta de motivação e ambição. Esses sintomas, associados com o prejuízo na memória de curto prazo, acabam causando impactos negativos em aspectos sociais e ocupacionais, como atenção reduzida, perda de atenção, diminuição das habilidades de comunicação, introversão e dificuldade em manter relações interpessoais.

Sobre os riscos da utilização recreacional da maconha, vários estudos demonstram que seu consumo na adolescência aumenta a chance de desenvolver esquizofrenia na idade adulta. O risco parece ter relação com a quantidade de maconha consumida e com a idade do usuário: quanto maior a quantidade e mais novo o usuário, maior a probabilidade de desenvolver esquizofrenia.

A maconha possui vários efeitos farmacológicos úteis no tratamento de diversas patologias. Por essa razão, nos últimos anos, alguns países aprovaram o uso medicinal tanto da maconha fumada como de extratos padronizados de administração oral. Os principais usos medicinais da maconha são: como antiemético, para aumento do apetite em pacientes com câncer e HIV, para minimizar espasticidade em pacientes com esclerose múltipla e como antiepilético para epilepsia refratária.

Dietilamida do ácido lisérgico (LSD)

A dietilamida do ácido lisérgico, conhecida pela sigla LSD, foi sintetizada, em 1938, pelo químico suíço Albert Hofmann. Em 1943, o próprio Hofmann descobriu os efeitos alucinógenos do LSD ao se intoxicar acidentalmente com a substância. Descreveu sua experiência acidental com o ácido no livro *LSD: minha criança problema*:

> *Na última sexta-feira, 16 de abril de 1943, fui forçado a interromper meu trabalho no laboratório no meio da tarde e fui para casa, sendo afetado por uma inquietação notável, combinada com uma leve tontura. Em casa, deitei-me e afundei-me em um ambiente agradável, estado de embriaguez, caracterizado por uma imaginação extremamente estimulada. Em um estado de sonho, com os olhos fechados (eu achei a luz do dia desagradável), eu percebi um fluxo ininterrupto de imagens fantásticas, formas extraordinárias com jogo caleidoscópico de cores. Depois de duas horas, essa condição desapareceu. (Hofmann, 1980, p. 12, tradução nossa)*

O LSD é uma das drogas mais potentes conhecidas até hoje, produzindo efeitos psicotomiméticos com doses inferiores a 1 μg/kg. Estima-se que Hofmann tenha consumido acidentalmente naquele dia 250 μg de LSD. Chamamos de efeitos psicodélicos as experiências subjetivas causadas pela droga, como o sentimento de estado elevado (transcendência). Já os efeitos psicotomiméticos são similares aos da psicose, como as alucinações.

Os efeitos do LSD são causados por sua ação no sistema serotoninérgico. O efeito alucinógeno se deve à ativação de receptores de serotonina do tipo 5-HT_{2A}. A ativação de receptores 5-HT_{2A} é o mecanismo comum de várias substâncias alucinógenas, como vemos a seguir. Também comum às drogas alucinógenas é o fato de que seus efeitos são dependentes do estado emocional e do ambiente onde o usuário se encontra. Por isso, o uso de alucinógenos em ambientes hostis ou fora do contexto de uso tradicionais dessas drogas pode causar as chamadas "viagens ruins" (*bad trips*). Situação em que as alucinações e sensações provocadas pela droga são ruins e desagradáveis, como a sensação de estar sendo perseguido, a transformação de objetos em monstros que atacam o usuário etc.

Ademais, algo peculiar pode ocorrer com o uso de LSD: os chamados *flashbacks*, quando pequenos episódios de alucinação podem ocorrer sem o uso da droga, inclusive anos após a droga ter sido utilizada. Os mecanismos neuroquímicos por trás dos *flashbacks* ainda não são totalmente esclarecidos.

Aparentemente, o LSD não causa síndrome de abstinência e seu potencial de causar dependência é praticamente nulo. Assim, também não há registro de overdose ou danos fisiológicos associados a seu uso.

Mescalina

A mescalina é um alcaloide alucinógeno extraído do cacto mexicano peiote (*Lophophora williamsii*), também encontrada em outros cactos da família Cactaceae. A medicina tradicional mexicana utiliza o peiote como tônico cardíaco. Seu uso também é difundido em rituais religiosos realizados antes da colonização europeia. Os efeitos alucinógenos da mescalina foram popularizados em todo o mundo pelo livro *As portas da percepção* (*The Doors of Perception*), de Aldous Huxley, lançado em 1954, em que o autor narra suas experiências com o alcaloide. Foi também a mescalina que deu nome ao famoso grupo de rock The Doors, em uma clara referência ao livro de Huxley.

O mecanismo de ação da mescalina é muito similar ao do LSD. Possui afinidade por diversos receptores serotoninérgicos, em especial $5\text{-}HT_{2A}$ e $5\text{-}HT_{2C}$. Os efeitos alucinógenos da mescalina se devem à ativação dos receptores $5\text{-}HT_{2A}$.

Ayahuasca

A *ayahuasca*, também conhecida como daime e santo-daime, é uma bebida alucinógena consumida durante rituais de grupos religiosos, como União do Vegetal e Santo Daime. Originalmente, a *ayahuasca* era utilizada por vários grupos indígenas da Amazônia, tanto em território brasileiro como no Peru, no Equador e na Colômbia. Seu uso era feito por pajés e chefes religiosos para diversos fins, entre eles, revelador de verdades, rituais de iniciação, rituais sociais masculinos, cura de algumas doenças e conexão do pajé com o divino. A popularização dessa bebida ocorreu depois de 1987, quando seu uso para fins religiosos passou a ser reconhecido e protegido por lei no Brasil.

Atualmente, faz parte de rituais em várias religiões de origem amazônica e se espalhou pelo país e fora dele.

A bebida é mais comumente preparada utilizando o caule do cipó *Banisteriopsis caapi* e as folhas de *Psychotria viridis* – dependendo do grupo étnico, várias outras plantas podem ser adicionadas. O principal responsável pela atividade alucinógena da bebida é a dimetiltriptamina (DMT) presente nas folhas da *Psychotria viridis*. A DMT age de maneira similar ao LSD e à mescalina, ativando receptores 5-HT$_{2A}$ e 5-HT$_{2C}$. O curioso dessa mistura de plantas é que a DMT é pouco absorvida por via oral, por isso, quando isolada, é geralmente utilizada por inalação ou injeção. Mas como a DMT tem ação na *ayahuasca* se é utilizada por via oral? Isso acontece porque a *Banisteriopsis caapi* possui substâncias (betacarbolinas) que são inibidoras da monoamina oxidase, justamente a enzima que degrada a DMT. Por essa razão, a DMT presente na bebida feita das duas plantas não é degradada por via oral e consegue chegar ao SNC e produzir o efeito alucinógeno. Algumas outras substâncias presentes na *ayahuasca* também produzem alucinação pela potencialização serotoninérgica, mas a DMT é a mais potente dessas substâncias.

Você se lembra de quando mencionamos que os efeitos dos alucinógenos dependem do ambiente e do estado emocional do usuário? Bem, pode-se dizer que a utilização da *ayahuasca* em cultos religiosos propicia o que chamamos de alucinação guiada. As orientações das pessoas que ministram o culto, bem como músicas, orações e danças que são realizadas durante o uso da bebida, induzem o usuário a ter alucinações dentro do contexto religioso. Por isso, usar *ayahuasca* fora dos rituais religiosos pode resultar em efeitos não tão agradáveis, como *bad trips*, alucinações perturbadoras e aumento de ansiedade.

Referências

American Psychiatric Association. (2014). *Manual Diagnóstico e Estatístico de Transtornos Mentais: DSM-5* (5a ed.). Porto Alegre: Artmed.

Bechara, A., Berridge, K. C., Bickel, W. K., Morón, J. A., Williams, S. B., & Stein, J. S. (2019). A neurobehavioral approach to addiction: implications for the opioid epidemic and the psychology of addiction. *Psychological Science in the Public Interest, 20*(2), 96-127.

Carey, R. J. (2020). Drugs and memory: evidence that drug effects can become associated with contextual cues by being paired post-trial with consolidation/re-consolidation. Mini review. *Pharmacology, Biochemistry and Behavior, 192*, 172911.

Hasin, D. S., O'Brien, C. P., Auriacombe, M., Borges, G., Bucholz, K., Budney, A., . . . Grant, B. F. (2013). DSM-5 criteria for substance use disorders: recommendations and rationale. *American Journal of Psychiatry, 170*(8), 834-851.

Hofmann, A. (1980). *LSD: my problem child*. New York: McGraw-Hill.

Jordan, C. J., & Xi, Z.-X. (2018). Discovery and development of varenicline for smoking cessation. *Expert Opinion on Drug Discovery, 13*(7), 671-683.

Koob, G. F., & Volkow, N. D. (2016). Neurobiology of addiction: a neurocircuitry analysis. *Lancet Psychiatry, 3*(8), 760-773.

Rang, H. P, Dale, M. M., Ritter, J. M., Flower, R. J., & Henderson, G. (2016). *Farmacologia* (8a ed.). Rio de Janeiro: Elsevier.

Stahl, S. M. (2014). *Psicofarmacologia: bases neurocientíficas e aplicações práticas* (4a ed.). São Paulo: Guanabara Koogan.

Zou, Z., Wang, H., d'Oleire Uquillas, F., Wang, X., Ding, J., & Chen, H. (2017). Definition of Substance and Non-substance Addiction. In: Zhang X., Shi J., Tao R. (Eds.). *Substance and Non-substance Addiction: Advances in Experimental Medicine and Biology*, v. 1010. Singapore: Springer, Singapore. Recuperado de https://doi.org/10.1007/978-981-10-5562-1_2

Sobre os autores

Ana Paula Herrmann – Biomédica e doutora em Bioquímica pela Universidade Federal do Rio Grande do Sul (UFRGS). Professora adjunta do Departamento de Farmacologia do Instituto de Ciências Básicas da Saúde (ICBS) da UFRGS. Orientadora do programa de pós-graduação em Farmacologia e Terapêutica da UFRGS, com foco na área de psicofarmacologia e neurociência comportamental.

Angelo Piato – Farmacêutico e doutor em Ciências Farmacêuticas pela Universidade Federal do Rio Grande do Sul (UFRGS). Professor adjunto do Departamento de Farmacologia do Instituto de Ciências Básicas da Saúde (ICBS) da UFRGS. Orientador dos programas de pós-graduação em Neurociências e em Farmacologia e Terapêutica da UFRGS.

Elaine Elisabetsky – Graduada em Biomedicina e doutora em Farmacologia pela Escola Paulista de Medicina, hoje Universidade Federal de São Paulo (Unifesp). Professora titular de Farmacologia da Universidade Federal do Rio Grande do Sul (UFRGS) e docente convidada do Departamento de Bioquímica da mesma universidade, tem como foco de pesquisa o desenvolvimento de psicofármacos com base em conhecimentos tradicionais, conservação e desenvolvimento sustentável.

Viviane de Moura Linck – Farmacêutica pela Pontifícia Universidade Católica do Rio Grande do Sul (PUCRS) e doutora em Bioquímica pela

Universidade Federal do Rio Grande do Sul (UFRGS). Pesquisadora em desenvolvimento de produtos na empresa Bhio Supply. Possui experiência nas áreas de farmacologia, etnofarmacologia, neuroquímica, divulgação científica e assuntos regulatórios.